임재선의 무예역사 비평

조선 武^무人^인의
矜^긍持^지와 恨^한

임재선 지음

도서
출판 정음서원

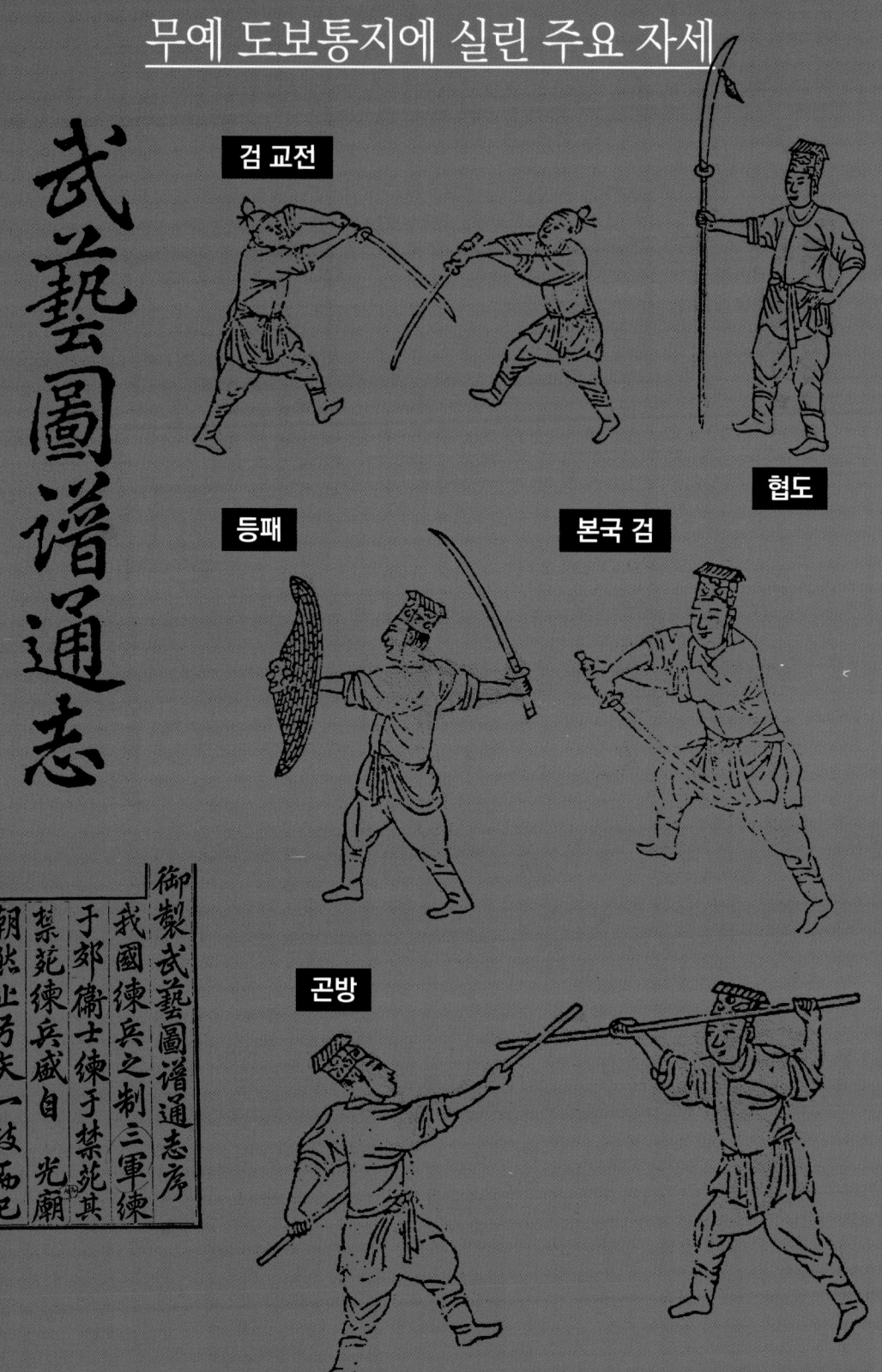

24반무예 복원자 故 임동규 총재

임재선 서울·경기 경당 관장

1990년대 24반 무예 전수 보급

- 전국 150개 대학 중 100여개 대학에 경당 동아리가 창립되었다 -

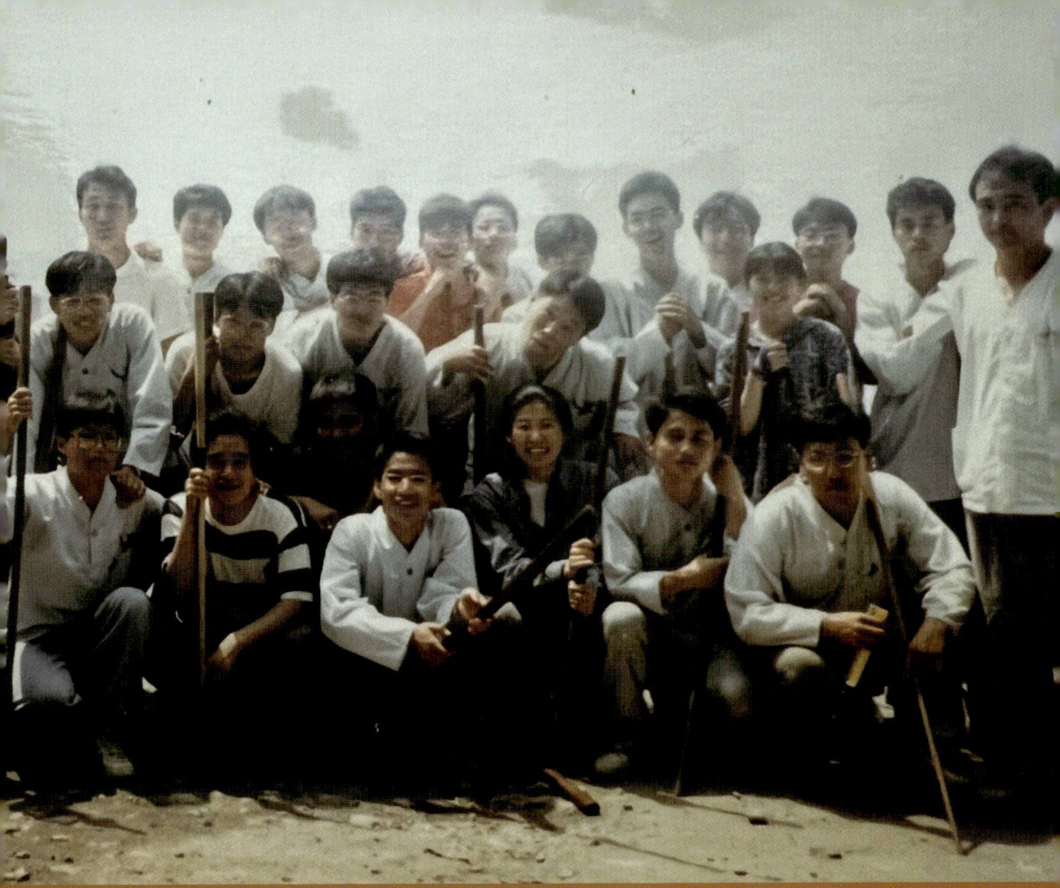

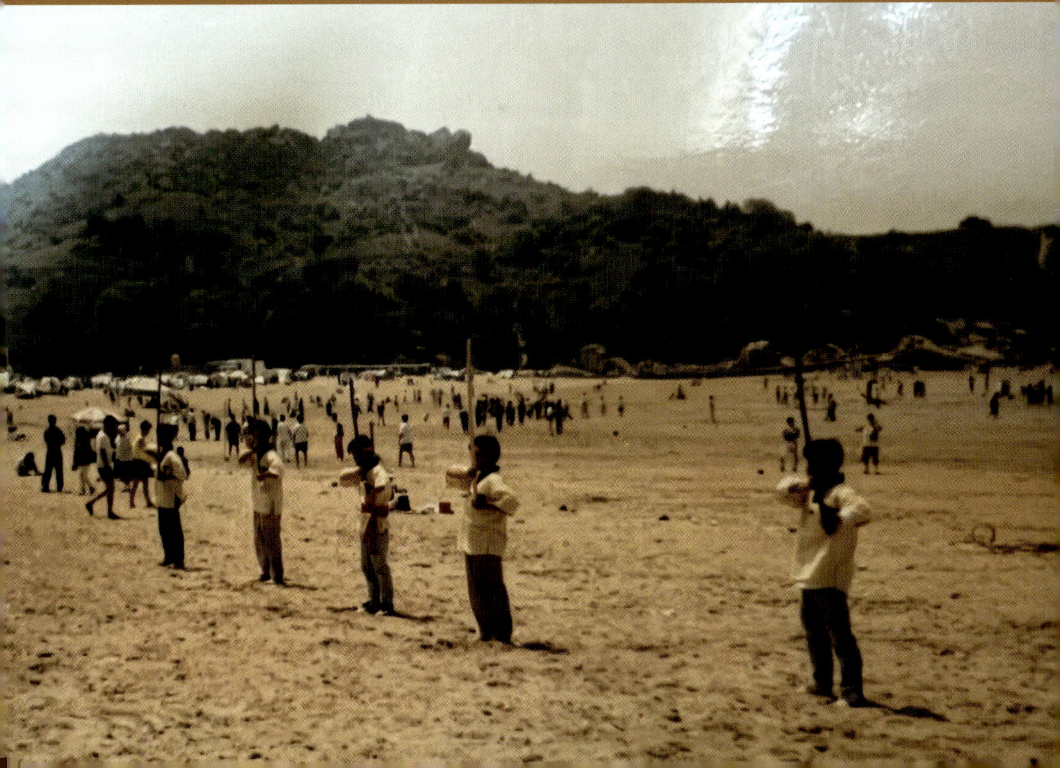

통영의 세병관(洗兵館)에서 펼쳐진 지상 무예 시범
(세병관은 임진왜란 직후 선조38년(1605)에 세워졌으며, 삼도수군통제영의 중심 건물이다)

전국 지자체 전통 행사의
24반 무예 시범 경기

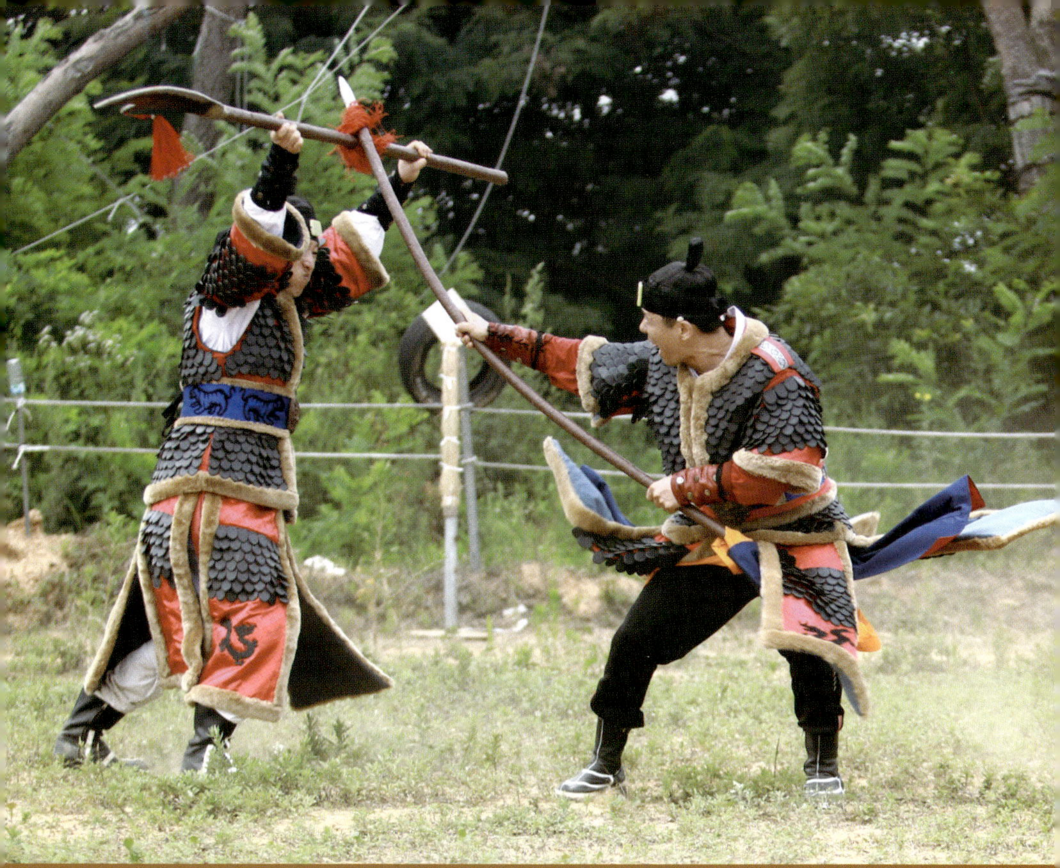

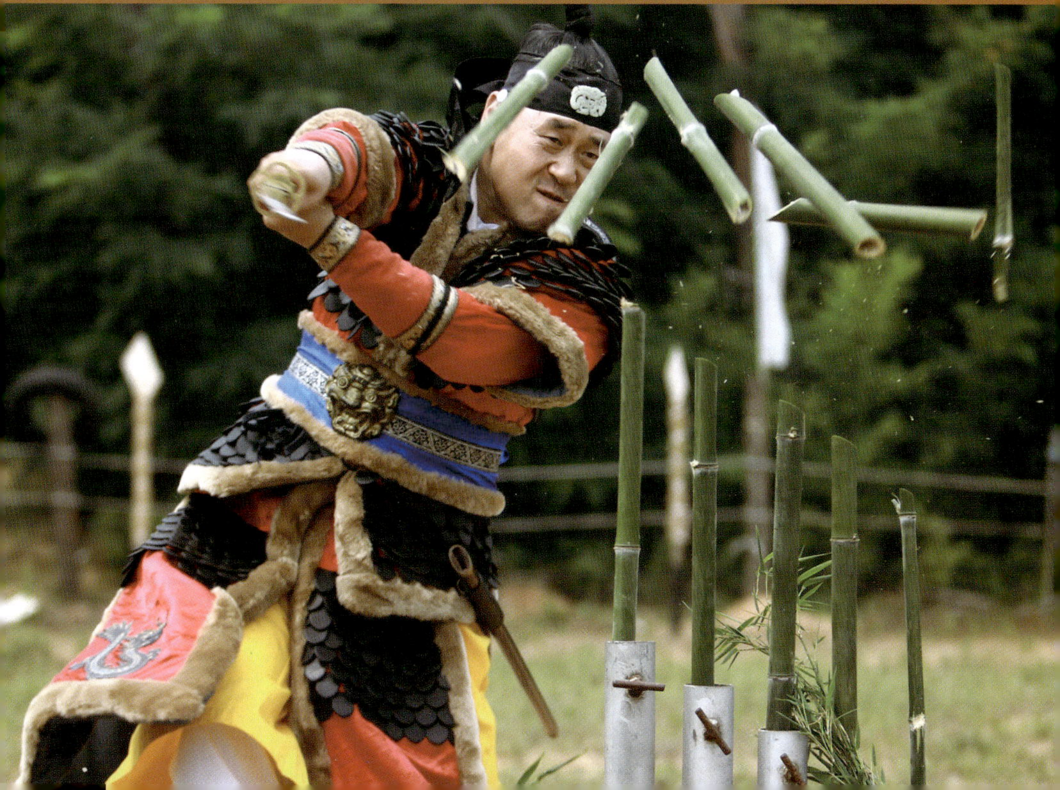

■ 남곡(南谷) 김중경(金仲炅) 선생께서 우현(宇玄)에게 써 주신 "文武兼全(문무겸전)"

임재선의 무예역사 비평

조선 武^무人^인의 矜^긍持^지와 恨^한

도서출판 정음서원

■ 축사

우리민족의 강인한 기상을
만천하에 알리는 계기가 되기를 바란다

도 기 현[*]

사단법인 결련택견협회 회장
연세대학교 겸임교수

　전통문화를 지킨다는 것은 보통 어려운 일이 아닙니다. 특히 요즘 같이 글로발(Global)과 다문화를 강조하는 시대에는 더더욱 그렇습니다. 거기에다 MMA나 주짓수[**] 같은 외래 무예가 밀려오는 현 시점에서 전통무예를 지키는 일은 정말 어려운 일입니다.

　그럼에도 불구하고 이 힘든 시기에 조선의 무예를 가르치는 무학경당(武學局堂)을 개설하고 그 내용을 책으로 출판해 내는 임재선 관장의 기개는 참으로 대단한 것이라 아니 할 수 없습니다.
　선조들의 기상과 한이 얽힌 유구한 역사의 충절의 고장 충주에 무학경당을 우뚝 세워 우리의 역사를 돌아보면서 우리 민족의 강인한 기상을 만천하에 알리는 계기가 되기를 바라는 마음으로 축원을 보냅니다.

2024. 5. 20.

---

[*] 도기현 교수는 현재 여러 대학과 기업체, 사회단체 등에서 전통문화 및 우리무예 관련 강의를 하고 있으며, 특히 우리 무예를 세계에 알리고자 유럽을 중심으로 활발하게 활동하고 있다

[**] MMA는 종합격투기(Mixed Martial Arts)이며, 주짓수는 일본 유술(柔術, じゅうじゅつ[쥬쥬츠])의 서양식 발음이다.

■ 서평 - 후속 연구를 기대하며

한 맺힌 역사,
그리고 새로운 역사와의 만남

전 홍 식

충주지역사회연구소 소장
한국교통대학교 정책연구소 연구위원

　지난해 여름 우연히 시장 옆에 조선 전통의 24반 무예 도장이 설립되었고 제자를 양성하고 있다는 소식을 들었다. 지역에서 활동하고 있는 택견에 대한 익숙함 때문인지 관심을 갖을 겨를도 없이 시간이 흘러갔다. 최근 지인의 소개로 저자를 만났고 무학당 석비와의 인연, 무인으로서 느끼는 소회와 구상을 들었고 책을 소개 받았다.

　책은 제1부와 제2부로 구성되어 있고 제1부는 무학당 석비가 전하는 충주역사의 긍지와 한이라는 제목으로 고려시대 몽고항쟁, 임진왜란 달천평야 전투, 동학농민의 항일투쟁을 서술하고 있다. 저자는 무학당 석비에 아로새겨 있는 한 많은 충주 역사를 첫째, 무학당

---

* 전홍식 박사는 한국교통대학교 대학원에서 '식민통치전략과 도시공간의 변화'로 박사학위를 받았다. 한국교통대학교, 충북대학교, 중앙경찰학교에서 강의했으며 저서로는 '일제침략과 강점기 충주 지역사'가 있다. 현재 충주지역사회연구소 소장이며 한국교통대학교 정책연구소 연구위원이다. 류자명선생기념사업회 이사, 충주3.1운동기념사업회 대표로 활동하고 있다.

을 설치하고 왜장 가등청정의 목을 베는 행사를 무엇 때문에 충주에서 했을까? 둘째 그토록 길게 이어온 전통 유산이 1893(고종 30)년에 갑자기 폐지된 이유는 무엇일까? 셋째 충주의 자부심으로 면면히 내려온 호국 충정의 정신마저 전통 행사의 폐지 따위에 밀려 가뭇없이 사라졌을까? 라는 질문에 대한 답으로 충주의 역사를 정리하면서 재현과 복원의 의지를 밝히고 있다.

한강 유역에 위치한 충주는 고대로부터 수운과 육로 교통이 발달하여 중원문화권의 정치·경제·행정·문화·군사의 중심도시로 지속적으로 성장하였을 뿐만아니라 삼국시대에는 백제, 고구려, 신라가 남한강 수운의 지리적 이점을 차지하기 위해 각축전을 벌였고, 고려시대에는 몽골과의 전쟁을 주도한 항쟁의 도시로 널리 알려져 있었다.

1592년 4월 12일 부산 앞바다에 도착한 왜군이 부산진성과 동래성을 함락시키고 북상하였다. 조선 정부는 이일을 순변사로 임명하여 왜군의 북상을 막으려고 하였으나 상주에서 패배하자 신립을 삼도순변사로 임명하여 충주에서 왜군을 막도록 하였다. 4월 26일 8,000여 명의 군사를 이끌고 충주에 도착한 신립은 천혜의 요새인 조령에서 왜군을 막을 것이라는 예상을 깨고 달천평야에 진을 치고 전투를 벌였으나 패배하면서 전몰되었다. 전투에서 승리한 왜군은 읍성을 함락시키고 수많은 백성을 학살하였으며 3,000명의 수급을 베어 일본으로 가져갔다. 왜군이 점령한 충주읍성의 관아와 민가는 잿더미가 되었고 성 밖으로 지나가는 마을을 모두 불태우고 닥치는 대로 학살하고 약탈하였다. 중앙에서 내려온 도순변사 신립이 충주를 지켜줄 것이라고 믿은 백성들이 피난을 가지 않았기에 피해는 클

수 밖에 없었다. 도시는 폐허가 되었고 백성들은 흩어져서 정상적인 도시 기능을 수행할 수 없었기에 조선 정부는 조세 수취와 행정 통제의 어려움을 들어 1602년(선조35) 비교적 전란의 피해를 적게 입은 공주로 충청감영을 이전하였다.

자신이 살고 있는 지역이 왜군에게 처참하게 유린당한 상황에서 분노와 적개심을 참을 수 없었던 조웅, 육승복, 조덕공 등의 의병장과 백성들이 의병을 조직하고 거병하였고 많은 사람들이 기꺼이 의병전쟁에 참전하였다. 임진왜란의 수많은 전투 중에서도 왜군에 의한 피해와 고통이 가장 컸던 충주지역에는 일본은 반드시 갚아야 하는 불구대천지원수라는 적대감과 반일의식이 자리잡았다. 무학당 무예놀이는 왜장 가등청정의 목베기를 시연함으로써 일본의 죄상을 만천하에 알리고 참형으로 응징하는 행사로 관과 민이 임진왜란의 아픔과 고통을 함께하고 기억하는 놀이 문화로 오랜 기간 지역사회에 전승되었다. 조선시대 일본에 대한 적대감과 반일 의식은 한말 치열하게 전개된 충주지역의 동학농민전쟁, 항일 의병전쟁으로 계승되었고, 일제강점기에는 3.1운동과 민족운동 사회운동으로 이어졌다. 그러나 일제강점기를 거치면서 지역의 역사와 문화가 단절 왜곡 굴절되었고 해방 후 식민지 과거와의 단절을 거부하고 역사복원과 기억을 외면하면서 지역사회의 의기와 기상은 점차 위축되었다.

1959년 발간된 『예성춘추』에 수록되어 있는 조선시대 무학당앞 무예놀이가 충주가 어떤 도시인가를 말해주는 문화 유산이라는 것은 알고 있기에 "조선시대 군인들의 훈련과 무예 활동에 대한 구체적인 활동이 담긴 글을 보고 충주에 조선시대 무예를 전수하고 전통문화를 복원해 민족문화를 발전시키는 데 기여를 해 보자는 생각이 들었다. ~"는 저자의 글을 접하고 보니 지역사회에서는 거의 관심을 보이지 않는 척박한 풍토와 지방자치와 지역 정치의 미성숙, 역사와 문화유산에 대한 불관용과 포용성 부족, 역사 왜곡의 현실이 대비되어 안타까움과 부끄러움이 없을 수 없었다. 한 맺힌 충주 역사를 기억하고 새로운 역사를 함께 만들어 가고자 하는 저자의 열정과 노력에 대해 의구심보다는 격려와 고마움을 전하고 싶다.

제2부는 임진왜란의 명장 정기룡 장군을 통해 본 조선의 무인과 무예제도에 관한 내용을 다루고 있다. 첫 번째 장에서는 임진왜란 당시 조선사회를 살펴보고 전쟁을 개괄적으로 검토하였으며 초기 패배의 원인과 그 이후 승전 과정을 설명하였다. 두 번째 장에서는 정기룡 장군 성장 과정, 임진왜란과 정유재란에서의 지략과 전술, 전란 과정에서의 활약상을 설명하고 있다. 세 번째 장에서는 임란초기 초급 무관으로 말을 달려 칼을 쓰거나 활을 쏘아 왜군을 물리치는 정기룡 장군의 무예 실력을 가늠하기 위해 무과제도, 무과시험의 내용을 살펴보고 실전에 구현된 활쏘기, 기창, 기창교전, 격구와 민간 전승 무예인 마상재와 석전을 설명하였다. 네 번째 장에서는 조선시대 무인 양성정책과 명장의 조건을 설명하고 있다. 조선초기에는 무예를 중시하고 이론은 크게 비중을 두지 않았으나 유교 경전을 이해하지 못하는 장수는 훌륭한 장수가 될 수 없다는 주장이 제기되어 유교 경전이 추가되는 등 논란이 있었다. 결국 이론을 겸비해야 무과에 급제할 수 있도록 정비되었다. 저자는 명장이 되려면 인, 의, 예, 지, 신을 갖추어야 한다고 주장하며 정기룡 장군을 사례로 설명하고 있다. 다섯 번째 장에서 저자는 조선시대에는 무와 무인을 천시했다는 일반

적인 주장을 날카롭게 비판하면서 조선시대 무인, 무과제도를 검토하였으며 마지막으로 전통무예의 가치를 설명하고 복원에 대한 제언으로 마무리 하고 있다.

최근 영화, 드라마, 게임 등의 대중 매체가 발달로 무예가 신비화되면서 게임이나 영화의 소재로 보거나 무인을 초인, 영웅으로 이해하는 경향이 있다. 무예와 무인에 대한 현실적인 관심과 이해가 부족한 현실에서 이 책은 조선시대 무예와 무인을 이해하고 현대적인 의미와 가치를 발견하는 데 좋은 길잡이가 될 것으로 기대된다.

이 저서는 완전한 구조와 체계를 갖춘 것은 아닌 것으로 보인다. 전통사회에서 무예의 역할이 매우 중요한 위치를 차지하였다면 현대의 과학화 디지털화된 사회에서는 무예 고유의 기능은 약화되고 대중매체, 교육, 호신, 건강, 스포츠 등과 결합되어 문화컨테츠로 발전하고 있다. 전통무예, 민족문화가 미래와 만나기 위해서는 새로운 해석과 접근이 필요하고 그 단초는 현재를 살아가는 우리의 의지와 노력에 달려있기에 전작에 이은 저자의 폭넓고 심도있는 후속 연구가 이루어졌으면 하는 바램이다.

2024. 5. 20.

■ 서평 – 대한민국을 이끌어갈 '명장'을 기대하며

죽음을 두려워하지 않는, 문무겸전의 무인 양성이 필요하다

임 한 필*

(사)24반무예경당협회 회장

　임재선 충주무학경당 대표가 저술한 『조선 무인(武人)의 긍지(矜持)와 한(恨)』이라는 책의 서평을 하기 전에 먼저 조선의 '무예도보통지'(武藝圖譜通志)를 복원한 임동규 선생님에 대해 언급을 해야 되겠다. 임재선 대표의 스승이 바로 임동규 선생님이기 때문이다. 임 대표는 1990년에 광주로 내려가서 임 선생님을 스승으로 모시고 24반무예를 전수받았다.

　용진(聳珍) 임동규 선생께서는 1989년 7월 1일에 전라도 광주에서 고구려의 '상무정신(常武精神)'과 조선의 '선비사상(思想)'을 이어받아 '홍익인간(弘益人間)'의 이념을 구현하고자 민족무예도장 경당을 창립하였다. 임 선생님은 1959년에 서울대 상과대학에 입학을 하

---

* 임한필 회장은 2022년 11월 24반무예경당협회 제9대 회장으로 선출되었으며, 경당본당 사범, 광주경당전수관장, 24반무예경당협회 사무총장 등을 역임하였고, 경민대 태권도외교과 겸임교수, 한양대 미래인재교육원 강사, 국방부 의장대대 전통의장대 무예교관으로 24반무예를 보급해왔다. 국립한국예술종합학교에서 17년간 전통무예를 학생들에게 가르치고 있다.

였지만, 현실에 안주하지 않고 끊임없이 농촌문제, 노동문제 그리고 사회변혁이라는 시대적 과제를 해결하기 위해 노력하셨다. 그리고 1970년대에는 세계정도술협회 사무국장을 맡아서 조선시대 정조대왕의 명에 의해 1790년에 완간된 훈련교범인 '무예도보통지'(武藝圖譜通志)를 복원해 나갔다. 남민전과 통혁당 사건으로 쌍무기수로 복역을 했던 1980년대에도 0.75평의 감방 안에서 빗자루 하나를 칼로 삼아 무예도보통지에 수록된 스물네 가지의 기예로 구성된 24반무예를 복원했다.

이렇게 어렵게 복원된 24반 무예는 제자들에게 전수되었고 이어서 대학교를 중심으로 대중 무예로 확산되었다. 1980년대에 중앙대 유도부를 창립하고 문무(文武)를 겸비한 리더로서 활동해온 임재선 대표는 24반무예를 전수받은 후 1990년대에 서울·경기·인천 지역을 중심으로 24반 무예의 보급에 탁월한 자질을 발휘하였다. 당시 전국 150개 대학 중에 100여개 대학에 경당 동아리가 창립되는데 임재선 대표는 혁혁한 공헌을 하였다.

그리고 1990년대를 지나 지금도 충주에서 무학경당을 열어서 제자를 양성하며 무예인으로서 삶을 살아가고 있는 무인(武人) 임재선 대표가 수백 년 전 조선시대 무인(武人)의 삶을 재조명하는 책을 펴낸 것은 어쩌면 숙명인지도 모르겠다. 또한 저자가 역사 속의 기록을 꺼내고 살피고 정리해온 것은 온고지신(溫故知新)의 자세로 옛 기록에서 지금의 자신의 모습을 다시금 되살펴보는 작업이었을 것이다.

저자는 요즘 많은 이들에게 조선시대 무인의 상(像)이 왜곡되었거나 연구가 제대로 안되고 있는 현실을 한탄한다. 무인의 가장 바람직한 모습이 무엇인지에 대해 조선시대 무인을 통해 그리고 1980년대 체육학과 출신이었던 저자의 경험을 찾아내고자 했다. 조선의 무인상은 TV사극에 나오는 삼지창을 든 포졸도 아니고 축지법을 쓰는 전설이나 설화에 아오는 인물이 아님을 강조한다. 조선시대 무인은 문인처럼 과거제도를 통해서 벼슬을 하고 중앙관직, 지방관직, 군관 등으로 활동해온 국가 통치시스템의 일원이었음을 저자는 주장한다.

또한 조선 무인은 사냥과 무예를 통해 자신을 연마해 와서 그 성격이 기본적으로 강직하고 용감한 특성을 가지고 있다고 저자는 말한다. 아마도 이러한 해석은 사회변혁기였던 1980년대 저자가 무인으로 보았던 그룹인 체육인, 경찰인, 군인이 민주화운동에 나서지 않은 비겁함에 의문을 갖고 천착했을 것이라 추측해 본다. 1980년대 무인이 보여준 태도는 "정의롭고 당당하며 용감한 것이 아니라 비겁하고 비굴하며 폭력적으로 그 모습을 드러내고 있었던 것"에 대한 아쉬움이었을 것이다.

저자는 이와 함께 조선 무인들이 왜 무예수련을 했을까 하는 그 목적에 의문을 갖고 조선시대 무과제도에 대한 연구에 많은 분량을 할애하였다. 그리고 그에 대한 결론으로 무예수련의 목적은 개인적으로는 직업을 얻기 위함이요, 동시에 무관으로서 정부관료가 되기 위해서였다고 강조한다. 여기서 직업은 단순히 개인의 일신을 위한 것이 아니라 인간의 생존을 좌우하는 문제로 어느 시대 누구에게나 큰 비중을 차지한다고 저자는 말한다. 즉 조선시대 무예수련은 지금과 같이 취미로 하는 형태보다 몇 배 더 치열할 수 밖에 없었다고 한다.

저자는 평소에도 24반무예를 수련하는 대학생들에게 무예사범 심사를 보지말 것을 강조했다. 어떻게 보면 이해가 안되는 부분이다. 자신이 가르치는 제자가 사범이 되어 직업으로서 무예를 선택하는 것을 권장했을 법한데 저자는 그러지 않았다. 그 이유는 단순히 취미로서 무예를 접하는 것은 용납을 할 수 있으나, 조선시대 무인처럼 자신의 생존 문제로서 무예를 선택하고 직업으로 만들어 가기에는 지금의 대한민국은 조선시대와 다름을 인식하고 있었기 때문 아닌가 생각한다. 진심으로 제자를 아끼는 스승의 고언이었다고 생각한다.

조선 무인은 무과제도라는 국가시스템을 통해서 먹고사는 문제를 해결하고 출세도 하고 관료로서의 다른 이들이 부러워할 수 있는 위상을 정립해나갈 수 있었다. 그러나 지금의 대한민국에서 무인은 그저 어린아이들을 주로 상대하는 도장을 운영해나가는, 그마저도 못하면 배곯아 보낼 수 밖에 없는 처지가 될 것임을 저자는 항상 우려하고 있었던 것이다. 지금의 대한민국 제도하에서는 "죽음을 두려워하지 않는 군대의 대장"이라는 '감사군'(敢死軍) 칭호를 받은 정기룡 장군과 같은 무인이 나올 수 없음을 저자는 간파한 것이다.

그리고 저자는 조선시대 무과시험 제도를 분석하면서 고려시대에 비해 활쏘기 등 무예실력만 뛰어난 사람을 뽑는 것을 넘어서 말타고 활쏘고 말타고 창쓰기 등과 함께 병서(兵書)와 같은 이론에 대한 시험도 함께 치룸으로써 무인에 대한 자질을 향상시키고 발달된 합리적인 시험방식을 도입하여 문무겸전의 제도적 완결성을 이루어냈다고 분석한다. 이순신, 정기룡 같은 무인 출신들이 지혜와 덕망과 용기를 모두 갖춘 명장이 될 수 있었던 것은 조선시대 무과의 제도적 및 내용적 완결성이 큰 역할을 했다고 저자는 주장한다.

조선의 무인 양성과정을 통해서 보면 지금의 대한민국 교육제도의 문제점을 많이 보게 된다. 오로지 대학수학능력시험 등을 통해서 평생 자신의 족보가 되어 나아갈 대학을 선택하고 그 테두리에서 사회적 진출 또는 직업을 선택하는 지금의 제도는 혁파되어야 한다. 그러기에 조선의 무인 양성정책, 무과제도, 무예제도 등을 다룬 임재선 대표의 『조선 무인(武人)의 긍지(矜持)와 한(恨)』 책은 온고지신을 넘어 법고창신(法古創新)의 길로 안내할 것이라 믿는다.

그러기 위해서는 우리의 무예를 계승하고 발전시켜나갈 수 있는 지금의 제도나 시스템은 바로 군이나 경찰에 있다는 저자의 말에 동의한다. 우리의 군과 경찰이 전통무예를 계승하고 발전시켜나가겠다는 의지는 첨단화된 무기와 시스템이 전투의 승패를 좌우하는 지금의 시대에 맞지 않다고 할 수 있다. 그러나 전쟁에서의 승리는 쪽수와 무기가 아니라 사기로 만들어지는 것이다. 과거로의 회귀가 아니라 대한민국을 이끌어갈 '명장'을 만들어가기 위해 조선 무인의 삶을 재조명하고 전통무예의 복원 및 계승을 군과 경찰에서 해나간다면 이것은 침체된 대한민국을 다시 살려가는 길이 될 것이다.

2024. 5. 20.

■ 여는 말

임 재 선

 안타까운 일이지만, 조선시대는 무인을 천시하고 무예는 활쏘기 하나밖에 존재하지 않았다고 생각하는 현대인들이 많다. 그 이유는 주로 일제 식민지 시기를 거치면서 조선의 권위와 위엄을 깎아내리고자 하는 의도가 역사 연구의 각 분야에 짙게 스며들어 아직도 가시지 않고 있기 때문일 것이다.
 그러나 조선시대 무예는 사회 각계층의 생활속에 중요한 비중을 차지하며 대중문화로 뿌리를 내리고 있었다. 그 예로 조선시대에는 격구와 비슷한 장치기와 활쏘기, 석전, 수렵 등과 같이 무예와 관련된 놀이문화가 많았으며, 1960년대 무렵까지만 해도 정월 대보름 저녁이면 개천이나 큰 길을 사이에 두고 두 마을의 아이들이 돌싸움을 벌이는 광경을 흔히 볼 수 있었다. 필자가 어렸을 적에 충청도 연기군에서도 이러한 놀이를 한 기억이 난다. 놀이 과정은 잘 기억이 나지 않지만, 석전놀이를 하다가 형이 머리가 터져서 집안이 발칵 뒤집히고 난리가 났던 기억은 뚜렷이 남아 있다.
 이렇게 대중문화로서 무예가 자리잡을 수 있었던 것은 조선시대 무과제도라는 사회제도가 뒷받침하고 있었기 때문이다. 무과 시험을 통한 인재의 공정한 등용이 사회제도로 자리잡자 도시(都試)와 같은 각종 취재시험(取才試驗)이 활성화되었고, 일반 평민에게도 출중한 무예실력을 갖추면 하급무관이나 관리로 진출할 수 있는 기회가 열렸다. 그 결과 관료사회에 진출하여 신분 차별을 벗어나고자 하는 백성들은 무과를 평생의 목표로 삼게 되었으며 무예는 백성들의 생활문화이자 놀이문화로 정착된 것이다.

한 사회제도가 백성들의 호응을 받고 자리잡으면 그 효과는 실로 이러한 것이다. 몽고와의 항쟁에서부터 동학군의 항쟁에 이르기까지 백성들이 호국의 깃발을 들게된 배경에는 우리 고유의 무예 전통이 있었으며, 시대마다 사회는 나름의 제도로써 그것을 보장하였다.

필자는 우리 전통 무예의 계승이 이러한 과정을 오늘에 되살리는 길을 쫓아 이루어지기를 바라며 그 정신을 책에 담고자 나름으로 최선을 다하였다. 이 책을 통해 그러한 역사 과정을 간략하게나마 살펴보면서 그 문화전통과 제도의 상호작용을 드러내고자 하였지만 필자의 부족함으로 그 실체의 변죽만 울리지 않았나 염려된다. 그러나 진실로 독자들이 그 복판을 울려줄 것이라고 믿는다. 그리하여 각 시대마다 당대의 염원을 이루지 못하고 한으로 남아 이제는 박제로 밖에 전해오지 않는 우리 전통 무예와 무인의 기상이 날개를 달고 되살아날 수 있기를 진실로 기대한다.

오늘의 이 책이 나오기까지 수십 년동안 우리의 무예 전통을 지키고 오늘에 되살기기 위해 토론을 이끌어 주고 많은 지혜를 나누며 도움을 준 24반무예경당협회(회장 임한필)를 비롯한 많은 동지와 지인들, 그리고 이 책의 발간을 위해 정성을 다해 준 정음서원 편집진에게 감사드린다.

2024. 5. 20

차례

- 축사 / 도기현 ·· 11
- 서평 / 전홍식 ·· 12
- 서평 / 임한필 ·· 17
- 여는 말 ··· 22

제1부

제1편 무학당(武學堂) 석비(石碑)가 전하는 충주 역사의 긍지(矜持)와 한(恨)

1. 무학당 석비에서 느끼는 회한(悔恨) ·· 29
2. 고려 태조가 하사한 고을 이름 충주(忠州) ··· 34
3. 몽고군을 물리친 충주 백성들 ·· 37
   1) 13세기 초 고려와 몽고의 관계 ·· 37
   2) 산성해도입보(山城海島入保) 전략과 제1차 충주성 전투 ················· 39
   3) 1253년 몽고의 5차 침략과 제2차 충주성 전투 ······························ 42
   4) 충주성 전투의 승리 결과 ··· 44
4. 충주 백성들이 겪은 임진왜란 ·· 46
   1) 달천벌 싸움 ··· 46
   2) 충주 의병 - 백기(白旗)장군 조웅 ·· 49
   3) 충주 무학당(武學堂)과 왜놈 목을 치는 행사 ································ 50
5. 충주 동학농민의 항일항쟁 패배와 좌절 ··· 52
   1) 19세기 말 조선의 상황과 동학의 발생 ··· 52
   2) 1차 동학혁명(갑오농민전쟁) ·· 53
   3) 제2차 동학혁명 (반외세 항쟁) ·· 56
   4) 충주 동학농민군의 항쟁과 성두환(成斗煥(漢)) ······························ 57
   5) 호좌의병진(湖左義兵陣)의 깃발 ·· 73
6. 무학당 석비에 서린 역사여행을 마치며 ··· 75

제 2 부

제 1 편 감사군(敢死軍) 대장 정기룡 장군의 전적(戰績)
    1. 서론 ··· 80
        1) 임진(壬辰)년 조선의 상황과 전쟁의 개괄 ······················· 80
        2) 정기룡 장군 전적의 현대적 의의 ···································· 85
    2. 정기룡의 성장과정 ··· 87
    3. 임진왜란(壬辰倭亂) ·· 90
        1) 청년 장교의 지략 ·· 90
        2) 명마와 기병 전술 ·· 92
    4. 상주성 탈환 ·· 95
        1) 마상재(馬上才)와 용화동 동민(洞民) 구출 ······················ 95
        2) 화공법으로 상주성 탈환 ·· 97
        3) 감사군(敢死軍) 대장 ·· 100
    5. 정유재란 ··· 101
        1) 1597년 8월, 지략과 기예의 승리 용담천 전투 ············· 101
        2) 1597년 9월, 담력으로 가또오(加藤淸正) 군을 멈춰 세우다 ········· 105
        3) 절충장군(折衝將軍) 정기룡의 활약 ······························ 106
    6. 임진왜란 후 ·· 114

제 2 편 정기룡 장군의 무예 실력과 조선의 무과 제도
    1. 정기룡 장군의 무예 실력을 알 수 있는 방법 ················· 117
    2. 무과제도와 정기룡 장군의 무예실력 ······························ 119
    3. 무과시험의 내용 ··· 122
    4. 실제 전투에서 구현되는 무예 ·· 125
        1) 목전(木箭), 철전(鐵箭), 편전(片箭), 기사(騎射) ··········· 126
        2) 기창(騎槍) ··· 127
        3) 기창교전(騎槍交戰) ··· 129
        4) 격구(擊毬) ··· 131
    5. 전투에 응용된 민간전승 무예 ·· 136
        1) 마상재 ·· 136
        2) 석전(石戰) ··· 143

제 3 편 조선의 무인 양성정책과 명장의 조건

1. 조선시대 문무겸비의 무인양성 정책 ····················· 147
    1) 병서와 역사 및 경전 과목에 대한 논란················ 147
    2) 이론 과목의 내용······································· 149
    3) 무과 시험의 이론 과목 비중 ·························· 150
    4) 실전에 나타나는 무관의 지략(智略)···················151
2. 문무겸전의 역사 전통과 명장의 조건 ··················· 156
    1) 무예교육의 역사 전통································· 156
    2) 명장의 충분조건 - 인격과 품성 ······················ 158
    3) 정기룡의 인품··· 159
    4) 정기룡 장군의 위업 - 군사조직가이자 선봉장········· 160
    5) 명장을 따르는 군대의 위엄··························· 164
3. 현대의 명장을 기다리며······································ 166

제 4 편 조선의 무인과 무예제도의 현대적 의의

1. 조선시대 무예제도의 재평가································ 167
2. 조선시대의 무인··· 169
    1) 무인(武人)에 대한 인식······························· 169
    2) 무인들의 무예수련 목적······························· 171
    3) 무과의 시험범위······································· 173
    4) 무과 교육기관은 없었는가?···························· 175
    5) 무예수련 방법··· 177
3. 조선시대 무과제도··· 181
    1) 무과제도의 성립······································· 181
    2) 식년무과(式年武科)와 별시무과(別試武科) ············ 183
    3) 취재시험(取才試驗) - 도시(都試) ····················· 184
4. 무과제도가 조선사회에 미친 영향 ························ 186
5. 조선시대 무예 전통의 계승을 위하여 ···················· 190
    1) 전통 무예의 가치······································ 190
    2) 전통 무예 복원을 위한 제언··························· 193
    3) 반세기의 반목을 씻기 위한 민족의 살풀이 ············ 196

제1부

제 1 편
무학당武學堂 석비石碑가 전하는 충주 역사의 긍지矜持와 한恨

무학당(武學堂) 비석: (비문은 본문 참조)
비석 뒷면에는 "이 비는 무학당 주민 총의에 따라 여러사람의 참여와 성원으로 건립함. 서기 1991년 11월 11일"이라는 짧은 내력과 함께 오병하 충주 시장, 장정식 시의원, 신종무 봉방동장, 김상인 충주댐소장 권오만 추진위원장 등을 비롯한 설립 추진자들의 이름이 새겨져 있다.

– 2023년 3월 촬영

제1편

무학당(武學堂) 석비(石碑)가 전하는
충주 역사의 긍지(矜持)와 한(恨)

> 1. 무학당 석비에서 느끼는 회한(悔恨)
> 2. 고려 태조가 하사한 고을 이름 충주(忠州)
> 3. 몽고군을 물리친 충주 백성들
> 4. 충주 백성들이 겪은 임진왜란
> 5. 충주 동학농민의 항일항쟁 패배와 좌절
> 6. 무학당 석비에 서린 역사여행을 마치며

1. 무학당 석비에서 느끼는 회한(悔恨)

 필자가 우연한 기회에 충주와 인연을 맺어 2023년 2월부터 충주 무학시장 옆에 6칸 정도 크기의 〈무학당〉을 만들고 무예를 가르치며 생활한지 바야흐로 1년이 지나간다.
 당시에 건축업을 생계로 삼고 있던 필자를 이길로 이끌어 준 것은 바로 충주 시내 대봉교가 있는 무학시장 입구 천변 한켠에 묵묵히 빛나지 않게 서 있는 돌비석이었다. '조선의 무예'를 늘 가슴에 품고 생각해 왔던지라 자세히 읽어 보았다.

"우리 마을은 옛날에 숲이 무성하게 우거진 곳으로, 일명 숲거리(봉방동과 역전동 경계선 따라 옛날 소로길 양옆)라고 불리어 왔으며 조선조 숙종 39년(1713년)에 이곳에 무학당(武學堂)이라는 건물 6칸을 세워서 (봉방동 7번지 일대) 감영의 군사들이 무예를 연습하던 곳으로 매년 가을 현 삼원국민학교 부근에 단(壇)을 설치하고 무학당 좌우에 기치창검을 나열시킨 후, 충주영장과 연원찰방이 갑옷을 갖추어 입고 말을 타고 달리면서 호통을 치며 왜장 가등청정의 허수아비를 효수하는 무예의 시범을 보이던 곳으로 이때 인근의 구경꾼이 인산인해를 이루었다."

- 1991년 11월 11일 설치한 무학당(武學堂) 석비의 비문

이 비석의 내용은 조선시대 군인들의 훈련과 무예 활동에 대한 기록인데, 필자는 30여년 전 1990년대부터 조선 군인들의 무예(임동규 선생이 〈무예도보통지〉를 바탕으로 복원한 24반 무예)를 전수받고 시범을 보이고 지도해왔던 사람으로서 조선 무인의 구체적 활동이 적힌 글을 처음으로 보게 된 것이다. 30년 전에 가르쳤던 조선시대 무예 동작이 하나 하나 온 몸에 살아나고, 이 지역에서 조선의 군인들이 펼친 가등청정 허수아비 효수 장면이 영화를 보듯이 구체적으로 떠올랐다.

이 돌을 만난 의미를 곰곰이 생각하다가, 이 지역에서 조선시대 무예를 전수하고 충주지역 군인들의 전통문화를 복원해 민족문화를 발전시키는데 기여를 해보자는 생각이 들었다. 그래서 당시에 하던 일을 그만두고, 충주 무학시장 옆에 무예수련장을 만들고, 똑같이 〈무학당〉이라고 이름지어 3월 25일 개관식을 열었다.

개관식을 하고 1km 정도 거리에 충주관아가 있다고 하여 걸어서 찾아가는데, 초행길이라 그만 방향을 잃고 말았다. 길가는 시민들에게 충주관아를 물어보니 모른다는 것이다. 이상하다 생각하면서 다시 물어보니 한 청년이 '관아 공원이요!' 하고 되묻길래 얼떨결에 그렇다고 했더니 가는 길을 잘 알려줘서 찾아간 적이 있다.

충주관아에 앉아서 500년 조선을 지키던 충주관아를 공원이라 하는 것이 옳은가, 물론 3.1운동 선언 장소를 파고다 공원이라 부르기에 그럴수도 있겠지 하고 넘기고 말았지만 마음 한 구석 허전했다.

또 내 딴에는 감동을 받은 무학당 석비도 쓰레기봉투를 수거하는 곳을 알리는 표지석으로 사용되고 있는 형편이며, 주변은 주차장으로 방치되어 있다. 그래서 시장상인들이나 주민들에게 시장 앞에 돌이 있는데 그 연유를 알고 있느냐고 물어보면 대부분 모른다는 대답이다. 그래서 '이곳 무학시장의 이름이 어떻게 생겨났느냐'고 질문하면 '무학소주의 무학인가', '무학대사가 이곳에 살았었나', '학이 춤추던 곳인가', '춤을 배우는 곳인가' 등등의 대답이 돌아왔다.

시민들 대부분 충주의 역사를 잘 알고 자부심 속에서 생활하고 있을 것이라고 생각했는데 현실은 전혀 그렇지 않았다. 그동안 유구한 반만년 역사니 배달의 민족이니 하는 소리들은 입바른 소리에 지나지 않았나, 어떻게 이 지경이 되었을까? 만감이 교차되면서 무학당 석비가 가리키는 길을 따라 충주의 역사를 더듬어 보기 시작했다. 아닌게 아니라 유구한 세월동안 수많은 긍지(矜持)와 한(恨)의 사연들이 충주 역사의 날과 씨를 이루고 있다는 걸 깨닫게 되었다.

석비에 새겨진 글에 따르면 무학당(武學堂)은 1713(숙종 39) 년에 건립되었고, 그곳에서 충주영장과 연원찰방이 갑옷을 갖추어 입고, 말을 타고 달리면서 호통을 치며 왜장 가등청정의 허수아비를 효수하는 무예의 시범을 보이면 인근의 구경꾼이 구름같이 모여들어 인산인해를 이루었다고 한다. 이후 이 행사는 180년간 지속되다가 1893(고종30) 년에 폐지되었고, 이듬해 갑오개혁(1894)으로 무과제도가 폐지됨에 따라 아예 박제가 되었다.

이 사연을 새겨 생각해 볼수록 그 속에 깊이 아로새겨 있는 한(恨) 많은 충주의 역사가 일렁이는 파도처럼 일어난다. 그것을 필자는 세 가지 질문으로 정리해 보았다.

첫번째, 무학당을 설치하고서 왜장 가등청정의 목을 베는 행사를 무엇 때문에 왜 충주에서 했을까. 조선의 역사문화에서 목을 치는 것을 목적으로 하는 행사는 이미지가 격렬해 거의 찾아보기 어려운데 충주에서는 이러한 행사를 매년 하고 있었다. 그리고 이 강렬한 문화 행사가 20년도 아닌 180년 간이나 지속된 이유가 반드시 있을 것이라는 생각이 든다. 보편적으로 군인들에게는 나라를 지켜야 한다는 정신과 백성들에게는 하나의 축제라는 것이 전제 되지 않고서는 한 행사가 100년을 넘어 지속하기는 어려운 일이다.

두번째, 그토록 길게 이어온 전통의 유산이 1893(고종30) 년에 갑자기 폐지된 이유는 무엇일까? 전통의 문화행사를 유지하고자 하는 동력보다도 강력한 뚜렷한 이유가 반드시 있어야 할 것이다.

필자는 1592년 임진왜란 시기와 1893년~1894년 시기의 조선과 충주에서 벌어진 일과 그 역사적 상황을 알면 궁금증을 해소할 수 있으라는 생각이 들었다. 그것은 틀림없었다. 역사 기록은 그 한 많은 사연들을 구구절절이 보존하고 있었으며, 충주 사람들은 깊은 무의식 안에 3천 여명 이상 희생된 임진년의 역사를 낱낱이 기억하고 있었다. 임진왜란 이후 121년이 지난 1713년 조선의 군제 개편으로 무학당이 충주에 설치되자 무의식 안에 감춰져 있던 그 한맺힌 임진년의 기억이 의식으로 살아나 응당 무학당에서는 가등청정 허수아비의 목을 베어서라도 그 한(恨)을 달래야 했을 것이다.

그러나 180년이 지난 1893년 무렵, 끝내 내부 개혁을 이루지 못하고 서구 열강의 침탈 야욕 아래 예속의 길로 빠져들고 있는 조선 조정은 특히 일본의 압력으로 유서 깊은 행사를 폐지하지 않을 수 없었을 것이다. 그리고 1894년 대일(對日) 항쟁에 나선 동학 농민 혁명이 패배하고 일본군에게 진압되자 그 한풀이 행사는 영구히 박제(剝製)가 될 수 밖에 없었으며, 100여년이 지난 지금까지 그 형해(形骸)만 전해오고 있는 것이다.

그렇다면 세번째, 충주의 자부심으로 면면히 내려오는 호국충정의 정신마저 전통 행사의 폐지 따위에 밀려 가뭇없이 사라졌을까? 역사 자료는 충주인들이 민족의 중요한 고비마다 외세의 침략에 맞서 목숨을 걸고 앞장 서서 나섰음을 증명한다. 그토록 면면히 흐르는 충주의 역사 전통과 충주인의 기개는 그 기원과 뿌리를 어디에서 찾을 수 있을까?

필자는 충주 역사 전통의 발전 과정에서 고려 시대가 매우 중요한 계기가 되었음을 찾아 냈다. 충주는 후삼국의 통일에 중요한 역할을 한 공으로 충주(忠州)라는 지명을 태조 왕건으로부터 하사받았으며, 몽고 침략시 관군이 아닌 백성의 힘으로 충주성을 지키고 승리하여 전쟁을 종결시키고 강화조약을 맺는데 결정적인 기여를 하였다. 그 공으로 충주에서는 일찍이 1250년대에 모든 노비가 양민으로 승격되었으며, 이는 세계 역사상 유례가 없는 일이었다. 그 감동은 몽고군을 물리친 것보다도 더 뼈에 사무치게 대대손손 전해왔을 것이다.

필자는 충주에 와서 무학경당을 세우고 생활한 지 1년이 지나면서 무학당 관장으로서 검술을 가르치는 것도 중요하지만, 무학당 석비에 적힌 글대로 민족문화행사를 복원하는 것도 매우 중요하다는 생각이 들었다. 이제 충주시민이 된 사람으로서 충주의 역사와 전통 문화에 대해 자부심을 갖게 할 수 있는 방법이 무엇일까 생각해 본 것이다. 생각 같아서는 당장이라도 충주의 역사문화 복원과 민족정신의 계승 차원에서 일본장수들의 목을 베는 행사를 열고 〈무학당〉에서부터 충주관아까지 행진하며, 역사·문화 공연 등을 펼쳐 보이고 싶지만, 그 박제가 된 형식만 복원해서는 아니 되겠고, 진실로 그 역사에 맺힌 한(恨)을 풀 수 있는 길이어야 마땅하다는 생각에, 나름으로 자료를 찾아 궁구하여 충주인의 긍지(矜持)와 한(恨)의 날과 씨를 이루고 있는 충주의 역사를 소개한다. 필자는 무예를 가르치는 체육인으로서 내로라 하는 역사학도는 못 되지만 이 글이 충주의 역사와 문화에 대한 토론 거리로 쓰인다면 더할 나위가 없겠다.

2. 고려 태조가 하사한 고을 이름 충주(忠州)

충주 인근 지역은 예로부터 마한, 백제 영역이었는데, 5세기경 고구려 장수왕 때 국원성(國原城)이 되었으며, 6세기 신라 진흥왕 시대에는 신라 5소경 중의 하나인 중원소경(中原小京)이 되었다가, 이후 신라 말 경덕왕 14(714)년에 중원경(中原京)으로 부르던 곳이다. 그런데 고려(918~1392) 태조 왕건이 940년 중원이 곧 '中心'이라 하여, 이 두 자를 합친 충성 충(忠) 자에 고을 주(州) 자를 붙여 충주(忠州)로 부르면서 '충주'라는 이름이 시작되었다. 이러한 지명의 변경은 당시

탄금대 공원의 〈악성 우륵 선생 추모비〉
충주의 오랜 역사를 전하고 있다.

충주시 칠금동 출신 동천(洞泉) 권태응(權泰應) 시인의 「감자꽃」
시비 – 틀림없는 충주인의 절개와 긍지를 노래하고 있다.

후삼국을 통일하는 과정에서 이 지역 백성들이 기여한 충정(忠情)과 공헌을 기리기 위한 것이었다.

이러한 지명의 유래를 보아도 충주는 전국 어느 지역보다도 이름의 가치가 드높은 곳이다, 생각해보라! 고려 건국의 공로를 인정받아 고려 태조가 직접 지어준 이름이니, 그 의미와 가치만으로도 얼마나 자부심을 가질 수 있는가.

그런데다가 충주인들의 자부심을 명실상부하게 새겨준 것은 '충주'라는 이름을 얻은지 313년이 지난 1253년 몽고와의 항쟁에서 충주성을 지켜낸 충주 백성들의 승리였다. 당시 몽고군은 전 세계의 전투에서 몇 번 패한 적이 없는 최강의 군대라고 하는데 충주 백성들이 이 몽고군과 싸워 승리한 것이다. 이 충주성 전투의 승리로 몽고군은 패배를 인정하고 고려와 강화하지 않을 수 없었으며, 충주인들은 나라를 구하고 몽고군의 남하를 막아 영호남의 백성들을 구한 것이다. 이 공으로 충주는 1254년(고려 고종 41) 국원경(國原京)[1]으로 승격되었으며, 백성들은 세계 역사상 최초로 13세기에 노예 신분에서 집단적으로 해방되어, 많은 노비 출신들이 양인 신분이 되어 벼슬하게 되었다.[2]

당시 1200년대(13세기) 초반 고려의 인구는 800만 정도로 추정되고, 개경(개성) 인구는 20~30만, 서경(평양)은 10만, 충주도 10만 정도 되었고, 남경(한성, 서울)인구는 충주보다 적었다고 한다. 충주 인구가 남경(서울)보다 인구가 많았던 것은 당시 충주의 관할 구역이 지금의 광역시처럼 제천, 원주까지 다 포함되어 넓었기 때문으로 보인다. 또 충주는 지리적, 경제적으로도 대도시 역할을 할 기능을 충분히 갖추고 있었다. 충주는 육로나 해로상으로 교통의 요지였다. 이곳을 지나야 중부지방에서 남으로는 경상도로 갈 수 있고, 서쪽으로는 남한강 수로를 통해 바로 경기도, 남경(서울)까지 갈 수 있다. 경제적으로는 고려 시대에 철을 가장 많이 생산한 다인철소[3]라는 지역이 충주 안에 있었다. 다인철소는 철을 생산하고 무기와 농기구를 만

---

1) 국원경은 고려말 다시 충주목으로 변경되었다. 이 지역의 도(道) 이름은 고려시대에는 양광도(楊廣道)라 하였는데 1395년 조선 태조 4년에 양광도를 충청도로 개칭하면서, 그 도감영을 충주에 설치했다.
2) 우리나라 노비의 해방은 조선 순조 원년, 1801년 왕실과 중앙 관청의 공노비 6만 6천여 명의 해방으로부터 시작되었으며, 1886년 노비의 세습과 매매가 금지되었고, 노비제도 자체는 1894년 폐지되었다.
3) 충주에서 신도시를 개발하는 과정에서 1개 다인철소 공장이 드러나 복원했는데, 그 주변의 검은색 석재 즉 철을 만들고 남은 찌꺼기(슬래그)가 15톤 트럭 5대 분량이 나왔다 한다.

드는 곳이다. 충주에만 100여개가 있었다는 기록으로 볼 때 다인철소의 생산량[4]과 규모를 짐작 할 수 있다. 고려시대에 전국에서 철을 생산하고 무기와 농기구를 만드는 일을 하려고, 많은 백성들이 몰려들었다는 것을 알 수 있다.

3. 몽고군을 물리친 충주 백성들

1) 13세기 초 고려와 몽고의 관계

역사상 13세기는 1206년 칭기스칸의 몽골 초원 부족의 통일을 계기로 시작되어 1279년 원나라에 남송이 멸망할 때까지 세계적인 정복전쟁의 시대라고 할 수 있다. 고려는 1231년 9월 살리타이가 이끄는 3만여 군사가 압록강을 넘으면서부터 이 세기적 전쟁에 휘말리며, 1259년 강화조약을 맺기까지 29년 동안 총 6차례의 대규모 전쟁을 겪게 된다.

그러나 고려는 이 세기적 전쟁을 극복할 수 있을 만큼 충분히 안정적이었다. 조금 거슬러 올라가 12세기의 고려는, 북방 초원에서 발흥하여 발해를 무너뜨린(926년) 거란의 요나라(907~1125)와 26년간의 전쟁(993~1019)에서 승리하고, 이어서 1107년 윤관의 여진 정벌로 북방을 안정시킴으로써, 당시 송나라, 요나라, 금나라의 존망을 다투는 전쟁[5]에 휘말리지 않고 문벌귀족체제의 태평성대를 구가하

---

4) 몽고와의 전쟁이 끝난 후, 조선에 환도 천 자루를 요구해, 다인철소에서 1년 만에 만들어 보냈다는 기록을 보아도 그 생산량을 짐작할 수 있다
5) 북방에서는 여진의 금나라가(1113~1234)이 발흥하여 송나라 연합으로 거란의 요나라를 무너뜨렸고(1125), 이어서 송나라도 1127년 수도 개봉이 금나라에 함락되어 멸망하였다

였다. 이후 체제내의 문반과 무반의 대립이 격렬하게 폭발하여 1170년 문벌귀족체제가 타파되고 무신정권(1170~1270)[6]이 성립하였지만, 1196년 최충헌의 집권으로 세습 무신정권이 정착되었고, 그 상태에서 수많은 나라들이 명멸하는 13세기 몽고 칭키스칸의 정복전쟁 소용돌이를 맞이한다.

1211년부터 칭기스칸(1162 ~ 1227)의 몽골제국은 여진의 금나라와 대결하면서 고려의 지원협공을 원하였으며, 고려는 1218년 몽고의 요청으로 몽고와 '형제의 맹약'을 맺었다. 이 때부터 몽고는 매년 고려에 사신을 보내고 공물을 요청하였다. 이 당시 북방 유목지역에서 발흥한 나라들은 기본적으로 물산이 풍부하지 못하여 정복 지역의 공물 없이는 체제를 유지할 수가 없었다. 정복과 공물 요구는 이 시대 전쟁의 동력이었다.

이러한 상황에서 몽고는 1225년 그 공물 사신 저고여가 국경 부근에서 국적 불명의 산적에게 살해되자 이를 고려인의 소행으로 간주하고 고려에 항복하라는 국서를 보낸다. 고려가 이를 무시하자 마침내 1231년 9월 살리타이(샤르탁)가 이끄는 3만여 병사들이 압록강을 넘어 고려 의주성을 함락시켰다. 제1차 몽고군의 침략이 시작된 것이다.

(이후 남송으로 재건됨). 이후 금나라는 1211년부터 서북 방면에서 신흥 세력으로 성장한 몽고 칭기스칸과 대립해 오다가 1234년 남송과 연합한 몽고군에게 수도 개봉이 함락되어 멸망한다.
6) 무신정권: 의종 24(1170)년부터 원종 11(1270)년까지 100년간 정중부, 경대승, 이의민, 최충헌, 최우, 최항, 최의, 김준, 임연, 임유무로 이어지는 무인 권력

2) 산성해도입보(山城海島入保) 전략과 제1차 충주성 전투

　의주성을 함락한 몽고군은 일단 귀주성에서 박서와 김경손 장군에게 저지된다. 귀주성을 포기하고 계속 남하하는 몽고군을 고려의 정규군이 안북성에 진을 치고 막으려 했으나 몽고군에 크게 패하였다. 살리타이는 부대를 나누어, 본진은 고려의 수도 개경으로 진격하고, 다른 부대는 자주성을 지나 충주성까지 쳐들어 왔다.

　충주에서는 양반, 관노, 잡류(雜類-관의 잡역을 담당하는 구실아치) 등의 별초군(別抄軍)[7]을 조직하여 몽골군 침입에 대비하였으나, 막상 몽고군이 다가오자 양반과 관리들은 모두 도주하고 말았으며, 양민과 노비들만이 남아서 성을 지켜냈다. 이것을 제1차 충주성 전투라고 한다.

　그런데 몽고군이 철수한 후 돌아온 관리들이 성안의 재물이 없어졌다는 이유로 백성들을 처벌하여 반란이 발생하였다[8]. 이 사건은 이듬해 1232년 1월 고려 조정이 몽고군 격퇴의 공을 높이 평가하고 반란을 용서함으로써 무마됐다[9].

　이로써 더 이상의 남하하지 못한 살리타이 몽고군은 1231년 12월 1일 개경을 포위하였다. 고려 조정은 일단 살리타이에게 막대한 공물을 약속하고 강화를 요청하였다. 강화를 맺은 몽고군은 정치적 간섭과 감시를 위해, 개경과 평안도 일대 성을 중심으로 다루가치(몽고인) 72명을 배치하고 철수하였다. 전쟁에서 승리한 몽고군은 금, 은,

---

7) 고려시대 정규군이 아닌 특별히 조직한 부대를 별초라 하였다.
8) 몽골군이 물러간 후 돌아온 충주부사 우종주는 전투 중 몽골군이 탈취해 간 관사(官私)의 은기 등 물품 분실에 대한 책임을 성에 남아서 싸운 관노들에게 전가하였다. 이에 분개한 관노들이 봉기하여 평소 원성이 많은 지역 토호들까지 처단하였다고 한다.
9) 고려 조정은 박문수(朴文秀)와 김공정(金公鼎)을 충주안무별감으로 파견하여 사태를 유화적으로 수습한다 (고종 19년 1월)

진주, 말, 비단, 수달피 등의 재물과, 왕과 신하의 자녀를 각각 1천 명씩 그리고 왕자를 몽고로 보내라고 요구하였다고 한다.

이렇게 가까스로 1차 전쟁을 넘긴 고려 조정은 몽고의 전쟁보상금 요구를 줄이는 외교적 노력과 함께, 항전을 계속하는 방안을 강구한다. 1232년 6월 최우의 집에서 재추(宰樞, 중추원과 중서문하성 양부(兩府)의 고위 관원)들이 모여 회의 끝에 강화도 천도와 장기 항전을 결정하고[10] 72명의 몽고인 다루가치의 목을 다 베어버리고 대몽항쟁을 선포하였다.

강화도로 천도한[11] 후 개성 왕궁을 본 떠 왕궁을 지었고, 성을 3겹으로 견고하게 쌓고 삼별초[12]를 강화도에 배치해 안전을 도모했다.

또한 일반 백성들의 항전 방책으로는 산성해도입보(山城海島入保) 전략을 썼다. 즉, 평시에는 관아와 읍성을 중심으로 거주지에서 생활하다가, 몽고군이 침략을 하면 관찰사나 군·현의 지방관 지휘하에 농작물에 불을 지르거나 하여 적의 보급물이 되는 것을 막고, 산성이나 바다섬으로 들어가 지키면서 전쟁을 수행하는 것이다.

이러한 전략에 따라 몽고군의 2차 침입을 막아낸 전투가 처인성

---

10) 고려시대 최고 관부는 중추원과 중서문하성을 가리키는데, 이 둘을 합해 양부(兩府)라고 불렀고, 양부의 고위 관원을 합쳐 재추(宰樞)라고 했다. 이날 재추 회의에는 천도를 반대하는 의견이 많아 섬에 숨어서 구차하게 목숨을 구하느니 화친하자는 의견(고종의 장인 유승단)과, 천도하지 말고 무조건 싸우자는 의견(야별초장수 김세충)도 있었다. 그러나 최우의 장인 태집성이 천도하지 않고 싸워서 이길 방법이 무엇인가라고 묻고는 대답을 하지 못하는 김세충의 목을 베어버리자 재추들이 모두 천도에 동의했다고 한다. 그만큼 최우 집정부의 항전 의지는 강했다.

11) 1232년(고종 19년) 음력 6월에 수도를 강도(江都: 강화도)로 옮기는데, 7월 7일까지 진행된다. 개성에 사는 20~30만의 사람들 중에 갈 수 없었던 농민, 천민, 호라비, 과부, 늙은이, 고아 등등은 '우리는 어떻게 하냐'며 울부짖었다고 한다.
강화도 해안은 대개 절벽이었고 아래는 갯벌이라서, 고려에 유리했고, 또한 수군이 강해 몽고군을 막을 수 있다고 판단한 것이다. 강화도에서 나라의 통치가 가능했던 것은 한강, 낙동강, 예성강 등의 해로를 통해 선박으로 물품과 세금을 거두어들일 수 있었기 때문이었다.

12) 삼별초는 녹봉을 받는 정규군으로 최우의 사병인 야별초(夜別抄)에서 시작하여, 좌별초와 우별초로 나뉘고, 포로로 잡혀갔다가 온 고려인으로 구성된 신의군(神義軍)을 말한다.

전투[13]이다. 처인성 백성들이 몽고군을 격퇴했다는 소식을 강화도에서 들은 고려 조정은 대몽항쟁에 자신감을 갖게 된다. 몽고의 철수에 힘이 난 최우는 북계병마사 민희(閔曦)에게 가병(家兵) 3천명을 주어 철수하는 몽고군과 전투하여 북부 여러 주현(州縣)의 거의 대부분을 회복하였다. 이때부터 고려 조정은 육지가 비록 침탈당하더라도 강화도만은 침공치 못하니, 항전에 대한 자신감 속에서 강화도 방위에 더욱 힘쓰게 된다. 또 2차 침략시에 대구 부인사(符仁寺)에 보관중이던 고려대장경 초조판이 불에 탔는데, 이를 복구하여 부처님의 힘을 빌려 난을 피하고자 강화도에서 팔만대장경의 재조(再彫)를 시작하였다.

또한 처인성 전투를 승리로 이끈 김윤후를 강화도로 불러 정삼품에 해당하는 상장군의 지위를 주었으나, 김윤후는 자신이 직접 화살을 쏜 것이 아니라고 하면서, 그 공을 처인성의 피난민들과 부곡민에게 돌렸다. 그리고 자신은 섭성장이라는 조그만 벼슬을 받으며 승려복을 벗고 군인으로 백성을 지키는 일에 나섰다. 섭성장 김윤후의 생몰연도는 고려사 열전에도 그 기록이 없다. 다만 처인성 전투 21년

---

13) 고려가 항전을 선언하자 몽고 황족인 살리타이는 7개월 만에 다시 대군을 이끌고, 의주, 서경(평양), 개경(개성)을 함락하고, 남경(서울)을 공격한 후 한강을 넘어 남하하고 있었다. 몽고군이 다가온다는 소식이 들리자, 처인성 인근의 부곡민(천민)들과 마을 주민들은 산성해도입보(山城海島入保) 전략에 따라 서둘러 남사면의 처인성으로 대피하였다. 이 때 인근 마을의 백현원 승려 김윤후도 처인성으로 피난 온 상황이었다.
처인성은 작은 산 위에 토성이 있고 그 둘레에 목책이 세워져 있는 성으로, 전투기지가 아니라 식량을 저장하는 군창기지였다. 당시 처인성에 정규군은 없었고, 백성들은 김윤후를 중심으로 지형에 의지하여 다가오는 몽고군과 전투를 준비하고 있었다.
의주에서 용인까지 고려군의 큰 저항 없이 쳐들어온 살리타이 군은 처인성이라는 조그만 성에 모여 있는 1천여 명의 백성들을 전투대상이라기보다는 전리품이나 빼앗는 정도로 생각하고, 전투 대열도 갖추지 않고 살리타이가 직접 선두에서 말을 타고 들어왔다. 이 때 고려 백성이 쏜 한 화살이 살리타이 가슴에 박혔고 살리타이는 말에서 떨어져 곧 죽었다. 몽고군이 살리타이의 죽음에 당황하여 우왕좌왕하는 사이에 고려 백성들은 총공격하여 많은 몽고군을 죽이고 상당수의 몽고군을 생포했다. 살리타이를 잃은 몽고군은 그 시체를 수습한 뒤 바로 철수하였다.

후인 1253년 5차 몽고의 침략 때에는 충주산성을 지키는 방호별감으로 승진되어 있으므로, 3차, 4차 몽고 침략 당시에도 많은 공을 세웠던 것으로 판단된다. 충주성을 지켜낸 방호별장 김윤후는 이후 감문위석상장군이 되고 예부상서까지 오른다.

3) 1253년 몽고의 5차 침략과 제2차 충주성 전투

1253년 10월 야골(에코)이 이끄는 몽고군 수만 명이 의주, 남경, 개경, 철원을 거쳐 충주로 침략을 해왔다(제5차 침략). 방호별감 김윤후 장군은 산성해도입보(山城海島入保) 전략에 따라, 충주의 관아와 읍성 그리고 생활 거주지에 살았던 백성들을 이주시키고, 충주성(현재는 충주시 대림산성을 가리킴)에서 몽고군의 공격에 대비하고 있었다. 충주성은 그 둘레가 5km 달하고, 산세가 가파르고 험하며 하단에 강이 흐르고, 성으로 들어가는 입구가 좁아 방어에 유리하였다.

몽고군은 공성전에 강한 여진, 거란, 한족, 위구르족이 포함된 다민족군을 투입하여 총공세를 펼쳤다. 이에 대항하는 김윤후 부대는 지형지물을 잘 아는 백성들이기에 매복전을 펼쳤는데, 성곽에서 몽고군이 성벽을 오르면 돌을 굴리고, 가까이 오면 좁은 산성로에서 기습해 활을 쏘고 칼을 휘두르면서 몽고군을 격퇴하였다.

이렇게 60여일이 지나자 길어지는 전투 과정에서 성안의 양식과 화살이 떨어져 가고 몸도 지치고 사기도 떨어져 가고 있었다. 방호별감 김윤후는 군관에게 문서창고에 가서 노비문서를 가져오라 명령하고 성안의 백성을 모이라 했다.

그는 성안의 고려군과 백성을 모아놓고 그들이 보는 앞에서 관노들의 명부를 작성한 노비문서를 불태웠다. 그리고 "두 달 넘게 몽고

오랑캐 공격을 고진감래하면서 이 성을 지켰는데, 이 성을 몽고군에게 넘겨주면 남쪽으로 밀려내려 갈 것이고, 조정은 이를 견디지 못하고 항복할 것이다. 이 성안에 이제 노비는 없다, 그리고 천민이든 누구든지 지위고하를 막론하고 공을 세우면 벼슬을 줄 것이다." 이렇게 외치면서 전쟁과정에서 포획한 말과 소를 군인과 백성들에게 나누어 주고 실컷 먹게 하였다.

이 집회 후에 충주 백성들은 사기충천해서 성문을 열고 오랑캐를 향해 돌격하는가 하면, 성을 기어들어 오는 몽고군을 사력을 다해 쏘아 죽이거나 칼과 돌로 쳐서 죽였다. 성안의 백성들은 노비나 천민으로 고통스럽게, 그 것도 자식들에게까지 짐승처럼 사는 미래보다는, 몽고군을 물리치고 이 전쟁에서 승리하여 벼슬을 받고 사람처럼 사는 미래가 더 절실했던 것이다. 이러한 절실함으로 모두 하나가 된 충주 백성들은 '죽기 아니면 살기' 식으로 전쟁에 임했던 것이다.

그러자 그동안 거세게 공격해오던 몽고군 야골 부대는 기세가 꺾이고 지쳐 떨어져 나가기 시작했다. 이렇게 70일이 되어가자 몽고군 내부에서 야골(황족)과 탑자(왕족) 지휘관 사이에 내분이 일어났다. 결국 야골이 충주에서 병이 들어 더 이상 고려에 머물 수 없다는 핑계로 병력 일부인 1천 명을 데리고 몽고로 소환되어 돌아갔다.

이렇게 김윤후의 군과 백성들은 70일 만에 충주성 전투를 완벽한 승리로 끝내고, 몽고군이 문경 새재를 넘어 경상도로 가려던 계획을 저지하였다.

1년후 1254년 자릴타이가 이끄는 6차 몽고 침략군은 전국 각처를 휩쓸면서 막대한 피해를 입히고 충주성과 상주성을 또다시 공격해왔다(제3차 충주성 전투). 그러나 충주성과 상주성에서 격퇴당하자 몽고군은 바로 철수하지 않고 1259년까지 5년 동안 강화도를 직접 공격하기 시작했다(이것을 7~9차 침략이라고도 한다).

강화도 공격이 번번히 실패하자, 몽고는 고려와 강화를 모색하지 않을 수 없었으며, 양국 정치 환경의 변화[14]와 함께 27년 간이나 지속된 지리한 전쟁은 종결을 향해 치닫는다. 결국 1259년 태자 전(倎, 훗날 원종)이 입조하여 쿠빌라이(훗날 원나라 세조)와 강화조약을 맺고 전쟁은 종결되었다. 이 강화조약으로 형성된 고려와 원의 관계는 14세기 말에 이르러 두 나라가 함께 역사의 무대에서 밀려날 때까지 100여년 간 지속된다.[15]

4) 충주성 전투의 승리 결과

몽고군이 전 세계를 침략하면서 수없이 많은 전투를 벌여서 패배하여 후퇴한 경우가 몇 번 안 되는데, 그 속에 귀주성 전투, 처인부곡의 처인성[16] 전투, 충주성과 다인철소 전투가 포함된다.

이 네 지역은 전후 곧바로 모두 현으로 승격되었으며, 특히 충주지역은 개경(開京)과 동급인 국원경(國原京)이라는 이름을 받고 다수의 천민과 노비가 양민으로 승격되어 벼슬길이 열렸다.

---

14) 1258년 고려에서는 최의가 축출되어 최씨 세습정권이 몰락했으며, 같은 해 몽고에서는 제4대 대칸인 몽케의 죽음으로 그 후계를 놓고 쿠빌라이와 아리크부카 간의 내전이 발생하여 강화에 유리한 정세가 조성되었다.

15) 전쟁은 멈추었지만 정치사회적 상황은 10여 년이나 지속된다. 고려는 1270(원종 11)년에 이르러서야 마지막 집정자인 임유무가 축출됨으로써 무인정치가 막을 내리고 강화도에서 개경으로 환도하였다. 이때 삼별초 해산령도 함께 내렸기 때문에 삼별초의 난이 일어났다. 몽고에서는 내전에서 승리한 쿠빌라이가 1271년 국호를 대원(大元)으로 고쳐 원나라 시대를 열었다. 100여년 이후 중원에서는 1368년 원나라 몽고족이 다시 초원지역으로 쫓겨나고 명나라로 교체되었으며, 고려는 1392년 조선으로 교체되었다.

16) 경기도 용인시 남사면에 있는 처인부곡은 몽고의 30년 침략이 끝난 후, 그 공로를 인정받아 처인현으로 승격되어 노비와 천민에서 일반 양민으로 지위가 올라갔다. 현재 용인시에서 처인성에 대한 발굴작업과 복구사업을 일부 했는데, 이 과정에서 고려의 유물과 칼이 발견되었다. 용인시는 처인성을 유적지로 조성하여 시민들이 산책할 수 있도록 만들었으며, 김윤후 장군 교육관을 세우는 등 역사 바로 세우기를 하고 있다.

이후 고려가 원나라의 간섭을 받고 그 원나라에 부역하여 출세한 권문세족(權門勢族)의 출현으로 김윤후 장군을 비롯한 충주 백성들의 영웅적 활약상이 많이 가려지기는 했지만, 백성들은 그들의 영웅적 항쟁을 마음속에 늘 간직하고 있었음이 분명하다.

조선 임진왜란 때 문신 조헌[17]은 의병을 모집하는 격문에서 '김윤후 장군이 몽고의 돼지를 활로 쏘아 나라를 지켰듯이 …' 라고 백성들의 심금에 호소하며 1천여 명의 의병을 모아 영규 대사[18] 함께 청주성을 탈환한다. 1232년 충주성 전투 이후 360년 지난 1592년 임진왜란 때의 일이지만, 조선의 백성들은 양반이든, 천민, 노비이든 모두가 김윤후 장군과 그 당시 충주 백성들의 기개를 얼마나 존경했는지 알 수 있는 대목이다.

---

17) 조헌(趙憲, 1544~1592)은 조선 중기 1567년(명종 22년) 문과에 급제하여 공조좌랑 등을 지낸 문신으로 유학자이자 경세사상가이며 임진왜란 시기 의병장이다. 1592년(선조 25) 임진왜란 당시 옥천에서 의병을 일으켜, 금산에서 북쪽으로 올라오는 일본군을 맞서 싸우다가 전사했다. 바로 증이조참판에 추증되고, 이후 다시 증이조판서에 이어 증영의정으로 추증되었다. 고종 때 성균관 문묘에 종사되었다

18) 영규(靈圭, 1537~1592): 조선 중기의 승려이자 승장(僧將)이다. 임진왜란 시기 처음으로 승병을 일으켜 청주성 탈환에 큰 공을 세웠으나 금산 전투 때 조헌과 함께 전사했다. 19살에 계룡산 청련암에서 출가했으며, 영변 묘향산에서 휴정대사 문하에 들어가 20년간 수학하고 공주 갑사로 갔다. 갑사에 있으면서 사제들을 도와 스스로 장작을 쪼개 목검처럼 사용해 무예를 익혔다. 영규사실기에 따르면, 영규는 여름에는 베옷만 입고 겨울에는 솜도 넣지 않은 옷을 입었는데, 사람들이 지나치게 검박하다고 지적하자, "옷이라는 것은 단지 몸을 덮는 것이면 족하다."고 답했다고 한다. 왜란이 일어나자 '한 그릇의 밥도 다 나라의 은혜이다.' 하고는 그 무리를 불러 모아 지팡이를 들고 왜적을 쳤다고 하며, '우리들이 일어난 것은 조정의 명령이 있어서가 아니다. 죽음을 두려워하는 마음이 있는 자는 나의 군대에 들어오지 말라.'고 하니, 중들이 다투어 스스로 앞장서서 모이어 거의 8백에 이르렀다고 한다.

4. 충주 백성들이 겪은 임진왜란

1) 달천벌 싸움

1592(壬辰)년 음력 4월 13일 소서행장(고니시 유키나가)이 이끄는 1만 8천여 일본군 제1진이 부산에 침입하여 부산진과 동래성을 함락하고 4월 25일 상주성을 점령한 후 문경 새재를 넘어 4월 28일 충주로 몰려왔다. 이 뒤를 이어 4월 18일 부산에 상륙한 가등청정(가토오 기요마사)의 제2진도 부산, 경주, 군위, 죽령을 넘어서 충주로 들어오고 있었다.

부산이 함락되고 왜군이 북상하고 있다는 보고를 받은 조정에서는 이일(李鎰)을 순변사로 상주에 내려 보내는 한편, 여진족과의 실전 경험이 있는 신립(申砬)을 삼도순변사에 임명하여 선조가 직접 보검을 하사하면서 충주에 파견했다. 4월 25일 충주에 당도한 도순변사 신립 장군은 탄금대 앞 달천벌에 배수진을 쳤으나, 여기서 소서행장 부대에 대패하여 조선군 8천여 명과 함께 전사하였다.

달천벌 전투에서 승리한 일본군은 읍성 공격을 개시했는데, 당시 읍성에는 신립 장군을 믿고 피난을 가지 않은 5~6천 명의 백성들이 남아 있었다. 이들은 칼을 들고 나서거나 활을 쏘고, 낫과 도끼를 들고 분전하다가 헤아릴 수 없이 목숨을 잃었다. 소서행장은 '충주성에 들어간 뒤 자른 목 3천여 급을 일본군 총사령관 우키다 히데이에(宇喜多秀家, 도요토미 히데요시의 양자) 진지로 보내고, 승전을 나고야성에 보고했다'고 한다.

죽음으로 저항한 이 충주 백성들의 수급은 아직도 그 한을 놓치 못하고 일본 땅에 묻혀 있을 것이다. 충주에서는 이 임진왜란 시기에 읍성 안에 살았던 조상 중에는 땅이나 거주지가 없어지고 대가 끊기

탄금대에서 바라본 달천벌

는 경우가 많다는 이야기가 지금까지 전해 온다.

  그러나 충주 백성들의 죽음은 결코 헛된 죽음이 아니었다. 그 죽음을 무릅쓴 항전은, 세종대왕 이후 특별한 외침 없이[19] 200여 년 가까이 태평성대를 구가하면서 안일무사에 빠져 있던[20] 조선의 백성들을 깨우치고, 마침내 전쟁을 승리로 이끌어 새로운 시대를 열 게 되는 계기가 되고 방향타가 된 것이다. 실제로 조선의 반격은 이 패배 이후에 비로소 전 백성의 항쟁으로 실현된다(6월 전국에서 의병의 궐기, 8월 한산대첩, 10월 진주대첩). 그리고 조정에서도 비로소 전쟁 태세가 준비되는 데, 일단 선조는 4월 30일 경복궁을 떠나 의주로 피난길에 오

---

19) 고려말 홍건적과 왜구의 침략을 진압하고, 조선초 4군6진을 개척하여 북방 여진 세력을 안정시킨 세종 이후의 조선은 대외적으로 안정되었다.
20) 선조 때에 이르러 일본 정국의 심상치 않은 변화를 감지하고, 그 정황 파악을 위해 일본에 사진을 파견하였다. 당시 조정은 동인과 서인으로 나뉘어 대립하고 있었기 때문에 1590년 일본에 사신으로 동인 김성일과 서인 황윤길을 함께 보냈다. 두 사신의 보고가 달랐지만 당시 동인이 우세했던 조정에서는 동인 김성일의 보고를 쫓아 왜적이 쳐들어 올 일이 없다는 결론을 내린다. 훗날 유성룡이 김성일에게 그렇게 보고한 이유를 묻자, 김성일은 "나도 어찌 왜적이 침입하지 않을 것이라 단정하겠습니까? 다만, 온 나라가 불안에 휩싸일까봐 그런 것입니다" 라고 대답했다(징비록). 즉, 당시 조정은 태평성대의 관습이 무너지는 것을 왜구의 침략보다 더 두려워 한 것으로 이해된다. 시대 관습의 변화가 아무리 거세게 밀려오고 요구된다 할지라도 죽음 이외에는 그 어떠한 계기도 그러한 구습 행태의 변화를 일으킬 수 없는 것 같다.

탄금대에 세워져 있는 〈팔천고혼 위령탑〉. 탑 중간의 지휘하는 장수가 충장공(忠壯公) 신립 장군이다.

르고 광해군을 중심으로 반격을 준비한다.

당시 총사령관 격인 도제찰사를 지낸 유성룡은 충주성 패배의 원일을 '천혜의 요새인 조령(새재)을 지키지 못하고 달천벌에 배수진을 친 신립 장군의 전략 부재 탓'이라고 징비록에 기록하고 있다. 천혜의 요새를 이용하지 못한 것은 중요한 전술적 패인 중의 하나로 평가할 수 있을 것이다. 그러나 그 패인을 신립 장군 한 개인의 능력 부재 탓 한가지로 평가하기는 어려울 것이다. 징비록을 보면, 신립 장군이 처음에는 조령을 지킬 계획이었는데, 상주로 나간 이일(李鎰)이 졌다는 소식을 듣고 넋을 잃고 충주로 갔으며, 적이 이미 조령을 넘어섰다는 군관의 보고에도 불구하고 적이 아직 상주를 떠나지 않았다고 장계를 올렸다는 등의 기록이 있는데 이것은 신립 장군이 전황을 제대로 파악하지 못하고 갈팡질팡하는 모습으로 이해된다. 이것은 신립 장군 개인의 전략 부재가 아니라 당시 조선 사회 전체의 전략 부재라고 해야 마땅할 것이다. 이러한 조선 사회의 안일무사 관행을 깨뜨리고 항전의 길로 이끌어 준 계기가 바로 삼천 충주 백성들의 목숨이었다.

2) 충주 의병 – 백기(白旗)장군 조웅

충주관군과 백성들이 이렇게 무참히 죽은 상황에서도 당시 나이 20대 초반에 불과한 조웅은 격문을 돌려 500명의 의병을 모아 가흥과 앙성 사이의 태자산에 주둔하면서 항쟁을 벌였다. 조웅 부대는 원주, 충주에서 활동하는 왜군들이 서울로 올라가는 길목을 막고 왜군을 공격하여 커다란 전과를 올렸다.

조웅은 말위에 서서 내달릴 정도로 말을 잘 타고 용감했다고 한다. 조웅 부대는 백기(白旗)를 군호로 삼고 말 위에 서서 달리며 수많은 적을 죽이는 용맹성이 알려지자, 백성들 사이에 팔도의병 중에 "호서에는 백기장군 조웅이요! 영남에는 홍의장군 곽재우"라는 말이 퍼지게 된다.

그러나 백기장군 조웅는 1593년 8월 4일 충주 소태면 전투에서 26세의 나이로 전사한다. 그 행적을 기려 조웅 장군은 1618년(광해군 10)에 병조참판에 추존되었다.

임란(壬亂) 충신 백기(白旗)장군 조웅(趙熊) 기적비(紀績碑) - 2023년 탄금대 공원에서 촬영

3) 충주 무학당(武學堂)과 왜놈 목을 치는 행사

조선 시대 무학(武學)은 무관(武官) 양성을 목적으로 무예와 병서를 강습하는 학문으로서, 유학, 잡학과 함께 조선시대 3대 교육체제 중의 하나다. 조선 초부터 무과 시험을 3년마다 정기적으로 치루었으면서도 문무(文武) 일체의 원칙에 따라 별도의 무학교육기관이 없었다. 그러다가 임진왜란을 겪으면서 교육기관으로서 무학을 설립하고자 무학 설치령[21]을 내렸으며, 이후 차차로 전국 각지 33곳(충청도 14곳, 강원도 2곳, 평안도 1곳, 경상도 13곳, 전라도 3곳)[22]에 무학당(武學堂)

---

21) 임진왜란 발발 후 선조 28년(1595년)에 "각 도의 대도호부에 훈련원과 같은 무학을 설립하여 군사를 양성하고 무학을 연마하라"는 무학 설치령이 내려졌다.
22) 현재 그 기록이 남아 있는 곳은 전남 나주와 충북 충주의 무학당이다. 나주 무학당은 1907년 대한제국 군대해산과 함께 해체되고 그 자리에 나주보통학교가 들어섰다. 충주 무학당도 지금은 그 흔적을 찾을 수 없고 원래 있던 충주천 부근에 표지석 기록으로만 남아 있다.

을 설치하기 시작했다.

충주 무학당(武學堂)은 임진왜란(1592) 이후 121년이 지난 1713년(숙종 39)에 감영의 군사들이 무예를 연습하는 곳으로 세워졌다. 이곳에서 매년 가을 단(壇)을 설치하고 충주영장과 연원찰방이 갑옷을 갖추어 입고 말을 타고 달리면서 호통을 치며 왜장 가등청정의 허수아비를 효수하는 무예 시범을 시행하였으며, 이때 인근의 구경꾼이 인산인해를 이루었다고 한다.

2013 인천-중국 문화페스티벌 행사 - 짚단베기 시범

1713년 당시에, 무예 시범을 보이던 충주관아 군인들과 구경꾼들은 임진왜란의 참상을 잘 알고 있었을 것이다. 당시에 충주 읍성내의 죽은 백성들과 달천벌에서 전사한 군인들 대부분이 충주 유씨, 동래 김씨, 평택 임씨, 연일 정씨 등등 모두 자신들의 고조 할아버지, 할머니, 현조 할아버지 할머니 들이 아니었겠는가. 그렇기 때문에 1년에 한번씩이라도 이렇게 왜놈과 왜장의 목을 베는 행사를 한 것이고, 이러한 행사조차 하지 않았다면 충주백성들은 자신들의 한을 못 풀어 모두 화병에 걸렸을 것이다.

그러기를 180년이 지났다. 그런데 고종30년(1893) 어느날 이 행사는 그만 폐지되고 말았다. 무슨 일이 생긴 것인가?

5. 충주 동학농민의 항일항쟁 패배와 좌절

1) 19세기 말 조선의 상황과 동학의 발생

19세기(1800년대) 말 조선은 세도정치의 세금수탈로 전국에 걸쳐 농민들이 들고 일어나 관아를 공격하는 등 농민봉기가 심화되는 시기였다. 그 이유는 나라 재정이 피폐해지고[23] 왕권이 약화된데다가 세도정치와 결탁한 양반·토호들이 세금을 가혹하게 거두고 백성들의 재물을 강제로 빼앗아 전국의 농민들이 도탄에 빠져 살아갈 수가 없었기 때문이다. 대외적으로는 영국, 미국, 프랑스, 청나라, 러시아, 일본 등등이 이러한 조선을 침탈하기 위해 호시탐탐 노리고 있었다.

이러한 시기에 수운(水雲) 최제우(崔濟愚, 1824~1864)는 구세제민(救世濟民)의 뜻을 품고, 38세 때인 1861(철종 12) 년부터 경주에서 동학을 포교하기 시작했는데, 충청·전라 지방에서까지 수천 명이 모여들어 교세가 커졌다. 동학의 세력 확장에 놀란 조선 조정은 최제우를 체포하여(당시 41세), 1864년 대구에서 사형을 집행하였다. 이후 동학은 최시형(崔時亨, 1827~1898)[24]을 최제우의 후임으로 선임하

---
23) 19세기 조선 왕조에서 국가 재정 수입의 3대 요소인 전정(田政)·군정(軍政)·환정(還政)의 문란(보통 '삼정의 문란'이라고 함)을 가리킨다.
24) 최시형: 호는 해월(海月)이며, 경주 출신이다. 5세 때 어머니를, 12세 때 아버지를 여의고, 17세부터 제지소(製紙所)에서 일하였으며, 19세 때 밀양손씨(密陽孫氏)를 맞아 결혼한 뒤 포항 마북리에서 농사를 지었다. 최제우(崔濟愚)가 동학을 포교하기 시작한 1861년(철종 12) 6월부터 동학을 믿기 시작하여, 한 달에 3, 4차례씩 최제우를 찾아가 가르침을 받고 집에 돌아와 배운 것을 실천하고, 명상과 극기로 도를 닦았다. 스승의 가르침을 깨닫고 몸에 익히기 위해 보인 정성과 노력은 많은 일화로 남아 있다. 1863년 동학을 포교하라는 명을 받고 영덕·영해 등 경상도 각지를 순회하여 많은 신도를 얻게 되었고, 이 해 7월 북도중주인(北道中主人)으로 임명되어 8월 14일 도통을 승계받았다. 1880년 5월 인제군에 경전간행소를 세워 『동경대전(東經大全)』을 간행하였고, 1881년 단양에도 경전간행소를 마련하여 『용담유사(龍潭遺詞)』를 간행하였다. 정부의 탄압이 심해지자 교조의 신원운동을 전개하고 1893년 보은 집회 등 신도들의 대규모 시위를 조직하였으나 조정이 안무사를 파견하여 탐관오리를 파면하면 자진해산하고 시기 상조라는 이유로 신도들이 요구하는 봉기로 나아가지 않았다. 그러나 1894년

고 도통을 계승케 했다. 탄압 속에서 동학은 최시형, 손병희의 북접과 서장옥, 전봉준, 김개남의 남접으로 갈려지지만, 그 교세는 전국으로 더욱 빠르게 확대되었다.

2) 1차 동학혁명(갑오농민전쟁)

1893년 동학의 남접과 북접 모두가 참가한 집회가 충청북도 보은에서 열렸는데, 참가한 농민들의 수나 규모가 매우 컸다. 이 집회에서 탐관오리와 양반들에 의해, 혹독하게 짓눌려 왔던 백성들의 울분이 많이 쏟아져 나왔다. 특히 전라도 고부(정읍) 군수 조병갑의 수탈과 횡포에 대해 농민들은 많은 분노를 터뜨렸다.

이듬해 1894년 1월 전봉준은 농민들을 모아 고부 관아를 습격해 봉기를 일으켰다. 관아를 점령한 전봉준은 조정으로부터 폐정을 시정하겠다는 약속을 받고 10여 일 만에 농민군을 해산했다.

그러나 조선 조정이 시정 약속을 어기고 오히려 농민들을 혹독하게 탄압하자, 전봉준은 김개남, 손화중과 함께 다시 봉기를 일으켰다. 이에 조선 조정은 장위영 등의 군대를 보내 공격했으나, 농민군이 황토재에서 승리하고, 고창, 영광, 함평, 나주 등으로 진출하면서 전주성을 점령한다. 이것을 전봉준을 중심으로 봉기한 동학농민들이 조선 정부군을 물리친 1차 동학혁명 또는 갑오농민전쟁이라고 부른다.

동학군이 전주성을 점령하자 고종은 청국에 원병을 요청하였으며,

1월 10일 전봉준(全琫準)이 고부군청을 습격한 것을 시발로 동학농민운동이 일어나자 신도들의 뜻에 따라 4월 충청도 청산(靑山)에 신도들을 집결시켰고, 9월 전봉준이 다시 봉기하자 적극 호응하여 무력투쟁을 전개하였다. 일본군의 개입으로 1894년 12월 말 동학운동이 진압되자 피신생활을 하면서 포교에 진력을 다하였고, 1897년 손병희(孫秉熙)에게 도통을 전수하고, 1898년 3월 원주에서 체포되어 서울로 압송, 6월 2일 교수형을 당하였다.

1894년 5월 5일 청나라 군인 2,800명이 아산에 상륙하였다. 조선 침략의 기회를 호시탐탐 노리던 일본도 톈진 조약[25]을 명분으로 하루 뒤인 5월 6일 일본군 8000명을 제물포에 상륙시켰다.

　청나라 군과 일본군이 조선에 상륙하는 상황변화에 외세가 머물 빌미를 줄 수 있다고 판단한 전봉준은 5월 8일 조선 정부와 전주화약(全州和約)을 체결하고 동학군을 해산한다. 전주화약의 핵심 내용은 호남지방의 각 군현에 일종의 민정(民政) 기관인 집강소(執綱所)를 설치하고, 탐관오리 엄벌, 횡포한 부호 엄징, 노비문서 소각 등 12개 폐정개혁안[26]을 실시하는 것이었다.

---

[25] 1882년 6월 대원군에게 전권을 위임하고 임오군란을 수습한 명성황후 세력은 청나라 군대를 끌어들여 대원군을 1개월 만에 다시 축출하고 권력을 회복했지만 그 댓가로 청의 내정간섭을 심하게 받는 속국 신세를 면할 수가 없었다. 이에 청나라의 속국에서 벗어나는 것을 제일의 기치로 내세웠던 박영효, 김옥균, 홍영식, 서광범, 서재필 등 급진 개화파가 1884년(고종 21) 12월 4일 궁궐을 장악하고 갑신정변을 일으켰다. 그러나 정변은 3일 만에 청나라 군대가 출동하여 진압되고 정변 세력을 지원한 일본 주둔군도 격퇴되었다. 이때 살아남은 김옥균 등 일부 개화파들이 일본으로 망명하자, 백성들이 한성부에 있는 일본 공사관을 불태우고 일본 서기관들과 거류민을 죽인 사건이 발생하였다. 정변이 수습된 이후 1885년 조선 정부가 정변의 책임을 일본측에 물으려다가 오히려 일본의 군사적 압력 아래 굴복하여 일본측에 손해배상을 하게되는 조약이 한성조약이며, 일·청 양국이 당시 조선 주둔군 간의 충돌 사건 처리를 놓고 맺은 조약이 톈진조약이다. 톈진조약은 당시 조선에 주둔해 있는 양국 군대를 모두 철수하지만 이후 출병할 시에는 상대국에 통지한다는 내용을 담고 있다.

[26] 그동안 동학농민군이 여러 차례 요구한 폐정개혁안은 수십가지에 이르지만 이때 12개조로 정리된 것으로 보인다. 전주성을 점령한 동학군은 청·일 양국 군대가 출병한다고 하자 이를 막기 위해 12개조 폐정개혁안을 제시하고 강화를 요청하였고, 초토사(招討使) 홍계훈(洪啓薰)이 폐정개혁안을 수락함으로써 전주화약이 성립되었다. 그러나 당시 조선 정부는 청·일 양국의 출병을 막고 전주화약을 지킬 힘이 이미 없었으며, 반대로 청·일전쟁의 빌미를 제공한 셈이 되었고 일본군에게 경복궁을 점령당하는 수모를 겪는다. 동학농민군도 일본군의 만행에 다시 2차로 궐기하였지만 결국 일본군에 진압되었다. 그렇지만 신분차별과 노비제도 폐지 등 일부 폐정개혁안은 이듬해 1894년 갑오개혁으로 실현되었다.
그런데 정작 이 폐정개혁안 12개 조항의 내용은 당시 조선 정부의 공식 기록으로 전해 오지 않으며, 다만, 동학 1, 2차 봉기에 중견간부로 참여하고 훗날 천도교 혁신파로 활동한 오지영(吳知泳, 1868~1950)이 사건이 발생한지 32년이 지난 1926년에 간도 길림성에서 저술한 회고록 『동학사』(초고본)에 기록되어 전해 온다(이 초고본은 약간 수정되어 1940년 영창서관에서 간행본으로 출간되었다). <동학사> 초고본에 실린 12개

동학군이 해산하자 조선정부는 청나라와 일본에 군대 철수를 요구했으나. 이를 거부한 일본군은, 7월 23일 경복궁을 공격하고, 조선군과 전투를 벌여 수십 명을 죽이고, 고종을 인질로 잡는다. 이날의 상황을 언더우드 부인은 〈조선견문록〉에 다음과 같이 기록하고 있다.

"우리는 총소리에 잠이 깼다. 그리고 대궐이 일본군에 점령되었다는 것을 알게 되었다. 외국인들, 조선 사람들이 엄청난 공포에 빠졌다. 많은 양반과 평민들은 집에서 도망쳐 나오고 '떼를 지어서 시골로' 떠났다. 잔뜩 두려운 표정으로 발걸음을 옮기는 남자, 여자와 가마, 조랑말 행렬이 성문 밖으로 끊임없이 흘러나갔다".

　7월 23일 경복궁을 점령한 일본군은 8월 15일 괴뢰정권인 김홍집 내각을 세우고, 경복궁 안의 온갖 보물을 약탈하고 만행을 저지른 후

조항의 내용은 다음과 같다(괄호 안은 1926년 초고본의 원문이며 1940년 간행본에서 수정된 2개 조항을 첨부하였다).
1. 인명을 함부로 죽인 자는 벨 것 (人命을 濫殺한 者는 버릴 事)
　　1940년 간행본은 '도인(道人, 동학교인)과 정부(政府) 사이에는 숙혐(宿嫌, 묵은 악감정)을 탕척(蕩滌, 씻어내다)하고 서정(庶政)을 협력할 사'로 수정되어 있다.
2. 탐관오리는 발본해서 없앨 것 (貪官汚吏는 祛根할 事)
3. 횡포한 부호들을 준엄하게 응징할 것 (橫暴한 富豪輩를 嚴懲할 事)
4. 유림과 양반들의 소굴을 토벌해 없앨 것 (儒林과 兩斑輩의 巢窟을 討滅할 事)
5. 천민들의 군안(軍案)은 불지를 것 (賤民 等의 軍案은 불지를 事)
　　1940년 간행본은 '청상과부의 재가를 허용할 사'로 수정되어 있다.
6. 종 문서는 불태워 버릴 것 (종 文書는 불지를 事)
7. 백정의 머리에 패랭이를 벗기고 갓을 씌울 것 (白丁의 머리에 페낭이를 벗기고 갓을 씌울 事)
8. 무명잡세 등은 혁파할 것 (無名雜稅 等은 革罷할 事)
9. 공적이고 사적인 채무를 막론하고 과거의 것은 모두 시행하지 말 것 (公私債를 勿倫하고 過去의 것은 竝 勿施할 事)
10. 외적과 연락하는 자는 벨 것 (外賊과 連絡하는 者는 버릴 事)
11. 토지는 평균분작(平均分作)으로 할 것 (土地는 平均分作으로 할 事)
12. 농군의 두레법은 장려할 것 (農軍의 두레法은 獎勵할 事)
이 12개 조항은 비록 회고록에 실려 전해오는 것이지만 오지영의 행적에 비추어 볼 때 당 세대의 시대적 염원을 담은 직접 체험자의 기록으로서 그 역사적 의의와 가치를 인정받아 마땅하다고 평가되므로 그의 행적을 간략히 부기한다.

한 달이 지난 8월 25일 경복궁을 철수한다.

이후 청·일 전쟁의 개전을 선포한 일본군은 7월 풍도(豊島)에서 청국 함대, 아산에 청나라 군인을 공격해 승리를 거두고, 9월 평양에서 청국군 1만 4000명을 격파한다. 그리고 10월 압록강을 건너 청나라로 진격한다. 1895년 4월 청나라와 일본이 시모노세키조약(下關條約)을 맺으면서, 전쟁은 일본의 승리로 종결된다.

3) 제2차 동학혁명 (반외세 항쟁)

1894년 10월 청일전쟁이 일본에 유리하게 흘러가자, 일본은 노골적으로 내정 간섭을 시작했고, 이에 분노한 동학교도와 농민들은 일본을 몰아내자며 2차 농민봉기를 일으켰다.

전국의 동학교도들이 10월에 논산에 모이니, 그 수가 수십만 명으로, 이들은 부패한 봉건 지배층과 일본 침략자들을 쫓아내자는 목표로 공주로 해서 한양으로 진격하자고 결정한다.

동학군 수십만 명이 모이자 두려움을 느낀 조선정부는 일본과 연

오지영은 전북 고창 출신이며 1891년 3월 동학에 입교하여 처가인 익산에서 포교하다가 1차, 2차 동학군 봉기에 중견간부로 참여하였다. 동학군이 진압될 때 살아 남아 은신하였으며, 1906년 동학이 천도교로 개명되자 천도교 간부로 활약했다. 3.1운동 이후에는 최시형의 아들이며 손병희의 조카인 최동희(1890~1927)와 함께 천도교 혁신운동에 나섰으나 성공하지 못했다. 이후 교단에서 나와 천도교연합회를 결성하고 독립군 조직인 정의부와 함께 고려혁명당을 결성하여 1926년 만주 길림성에서 공동체 농장건설 운동을 하면서 '인내천(人乃天)' 사상을 실현하고자 하였다. 일제의 탄압에 밀려 1936년 귀국하였고, 1940년 천도교 교단 재통합 과정에 참여하였다. 이 때는 이미 천도교도 친일노선을 걷고 있던 때라 천도교의 기본 정신을 일깨우고자 회고록 <동학사>를 가다듬어 세상에 내놓은 것으로 보인다. 그리고 해방 다음 해인 1946년 2월 19일 서울에서 열린 '민주주의민족전선' 창립대회에 천도교 혁신 세력 대표로 참여하여 열렬한 환영을 받았다. 여든을 바라보는 노구의 오지영을 통해 해방 당시의 세대는 갑오년 농민혁명군의 함성이 자신들에게 이어지고 있음을 느낀 것이었다. 이후 오지영은 1949~1950년 초 어느날 그 고단했던 삶을 마쳤지만, 그가 회고록에 다듬어 기록한 12개조 폐정개혁안은 그의 동시대인들이 평생 소망했던 신분차별 철폐와 토지 개혁에 대한 원대한 시대적 염원을 오롯이 담은 기록이라고 볼 수 있다.

합, 조일연합군을 편성하여 무력으로 동학농민군을 진압하기로 결정한다. 12월 동학농민군과 조선, 일본 연합군이 공주를 중심으로 치열한 전투가 벌어지나, 캐틀링 기관총(분당 400발)과 죽창의 대결이라는 무기의 열세와 전투경험의 부족으로 패배한다. 특히 우금치 전투에서 동학농민군 2만명 중 3천명만이 살아남는 처참한 패배를 당함으로서 동학혁명은 실패한다.

이것을 우리는 농민을 주축으로 한 동학혁명군들의 반외세 항쟁이며 2차 동학혁명이라 부른다.

4) 충주 동학농민군의 항쟁과 성두환(成斗煥(漢))[27]

충주에서는 황산의 홍재길, 안성의 정경수(鄭璟洙), 이천의 고재당, 음죽의 박용구 등이 농민군을 이끌고 서로 호응하여 보은으로 들어가 손병희가 이끄는 북접 농민군 본대에 합류한 후, 공주전투에 참여한다. 신재련은 충주에서 봉기하여 충주, 가흥 병참부에 주둔해 있던 일본군 수비대를 물리치고, 이후 괴산 관아를 공격한 후, 논산으로 가서 공주전투에 참여한다.

그런데 충주에는 공주 우금치 전투에 참여하는 흐름과 다른 흐름이 있었으니, 1894년 청풍, 제천, 단양, 영춘 4개 군현의 6,000여명 동학농민군을 이끌고 일본군과 게릴라전을 펼친 지도자 성두환(成斗

---

27) 성두환은 약초를 재배하는 농민이며, 청풍의 동학 접주로 활략했다. 동학 내부 사료에는 성두환(成斗煥)으로 기록되어 있으며, 고종실록과 판결문에는 성두한(成斗漢)으로 기록되어 있다. 빛날 환(煥)자를 쓰게 되면 두(斗)는 북두칠성으로 읽히게 되어 '빛나는 북두칠성'이라는 의미가 되며, 놈 한(漢)자를 쓰게 되면 두(斗)는 단순한 도구로 해석되어 '천한 도구 같은 놈'이라는 뜻이 된다. 이름 글자 씀씀이에서도 한 인물의 역사적 의의와 가치를 정반대로 평가하는 시대상이 읽혀진다. 본 글에서는 문맥에 따라 두 이름을 병용한다.

煥) 부대의 활약이다.

이들이 벌인 전투는 청일전쟁 중에 일본군에 대항하여 조선 농민이 벌인 최초의 게릴라전이었다. 이러한 사실은 2016년 〈동학농민혁명 정기학술대회〉에서 충북대 신영우 교수가 일본에서 회수한 자료집인 『갑오군정실기(甲午軍政實記)』[28]를 통해 1894년 성두환의 행적을 추적 발표하면서 널리 알려졌다. 이 자료를 통해 충주 동학혁명운동은 한 시대로 끝나지 않고 시대의 이정표로 우뚝 서서 이후 벌어지는 의병운동과 무장독립운동의 방향을 제시하면서 끈끈하게 이어지고 있음을 느끼게 된다.

항일투쟁 준비

한강의 본류가 흐르고 있는 충주는 예로부터 교통의 요충지대로 일컬었다. 이 수로를 이용하면 충주를 중심으로 강원, 경상, 충청, 경기도가 1일이나 2일의 생활권 안에 든다. 이 말은 물류의 흐름만을 가리키는 것이 아니다. 1894년 7월 23일 일본군한테 경복궁이 점령당하고, 왕이 포로가 되었다는 소식이 이 수로를 타고 빠르게 충주에 도달하였다. 충주 백성들은 어느 지역보다도 일본군에 대한 분노가 컸다. 1894년 충주지역 주민들의 일본에 대한 인식이 어떠한가 알 수 있는 자료가 있다.

"충청도 하담·가흥 근방에 동학당이 발호하고, 일본 군대의 짐을 운반해 주는 놈은 모두 죽여야 한다고 협박하므로, 지방민은 이것

---

28) 『갑오군정실기(甲午軍政實記)』는 1894년에 설치된 양호도순무영이 공식 수발한 문서를 모아놓은 자료집이며, 일본 궁내청이 소장한 한국도서 1,205책을 2011년에 반납할 때 환수된 책이다. 그동안 이토 히로부미가 일본으로 가져간 도서로만 확인된 채 그 존재 자체가 알려지지 않았는데 그 유일본인 『갑오군정실기』 10책이 환수된 것이다. 〈동학농민혁명기념 재단〉에서 모두 번역하여 연구에 활용 할 수 있게 되었다.

이 두려워 우리에게 고용되려는 사람이 없습니다. 병참부에서 매일 필요로 하는 인부는 100명인데 모집에 응해 오는 사람은 겨우 4~5명에 불과합니다. 우리 병참부가 그 곤란한 사정을 급보해 왔습니다."[29]

이 기록을 통해 일본군에 대한 충주백성들의 인식을 가히 짐작할 수 있다. 경복궁이 습격을 받은 후 고종이 인질이 되고 일본 공사가 내정 간섭을 하던 시기에, 충주 동학 조직은 대거 세력을 확대하면서 봉기를 준비하였다. 청풍 유생 이면재가 남긴 『갑오일기』에는 그 상황이 상세히 기록되어 있다.

> "성내리 산내(山內)에 동학당 1천여 명이 모여 있는데, 성두환이 말하기를, '앞으로 왜놈 무리들이 이동하여, 이 근방에 가득 깔릴 것이다. 그러므로 인접해 있는 여러 동네 곳곳에 보루를 정하여 쌓고 북산(北山) 위에 보루를 쌓는다'고 하였다.
> 성두한이 이끌던 1천여 동학도들은 성내리에 집결해서 방어시설을 준비하였다. 성두한은 우매한 백성의 하나인데, 백성들이 모두 그를 존경하니, 그의 비범한 인물상을 짐작하고도 남는다."[30]

당시 이면재의 일기는 시골에 사는 백성은 거의 모두가 동학에 들어갔고, 성두한이 백성들을 선동하여 청풍·단양·제천·영춘에서 무릇 6000 군사를 모았다고 적고 있다.

---

29) 『주한일본공사관기록駐韓日本公使館記錄』
30) 『갑오일기』는 청풍의 월악산 아래 한수면 북노리 출신 유생 이면재가 남긴 기록이다. 이 일기는 1994년 충주댐건설 당시에 발견되었으며, 성두환의 활동이나 이 지역 동학 활동을 밝혀내는 중요한 자료로 인정된다.

관료도 양반도 아닌 충청도 청풍(淸風)의 농민 성두환이 일본군이 충주에 밀려올 것을 미리 알고, 동학농민들을 중심으로 무장봉기를 준비하고 있었다는 것은 참으로 놀라운 일이다.

그러던 어느 날 충주 일대에 갑자기 대규모 일본군이 들이닥쳤다. 부산에 상륙한 일본군 중 1만여명의 여단 병력이 육로로 북상해 왔다. 일본군은 먼저 공병대와 군용전선 가설대를 보내서 도로를 정비하고 전신선을 연결할 전봇대를 설치하였다. 충주의 안보와 가흥에도 일본군 병참부와 군용전신소가 설치되었다. 일본군이 세운 충청도 첫 병참부가 연풍현의 안보병참부였다. 현 수안보 북쪽 언덕을 넘어 내려가면 나오는 마을이 병참부를 설치한 대안보(大安保)였다. 일본군은 역의 토지나 건물을 강제로 점유해서 사용하였다. 다음에는 충주 읍성에 병참부를 두었다. 안보를 거쳐 오면 충주 읍성을 지나야 하담나루를 통해 남한강을 건널 수 있었다. 남한강을 건넌 뒤에는 가흥에 병참부를 설치했다. 가흥에도 역의 토지와 건물을 차지해서 쓸 수가 있었다.

갑자기 수많은 일본군이 경상도에서 안보를 거쳐 충주로 들어오자 주민들이 크게 놀라지 않을 수 없었다. 충주에 들어온 일본군의 일부는 배를 이용해서 한강 물길로 가고 또 일부는 육지를 따라서 서울로 간다고 했다. 일본은 동학도 제압을 미끼로 군용전선 보호에 정부 관리를 파견하도록 조선 정부에 강요하였다. 특히 일본군은 인부 모집을 방해하거나 군용전신선을 단절시키는 것은 전쟁 수행에 큰 지장을 가져오기 때문에 용납하지 않았다. 일본 대본영에서는 처음부터 무력을 사용하라는 지침을 내렸다.

일본군에 의한 동학농민군에 대한 학살이 9월 중순부터 충주와 청풍 일대에서 시작되었다. 다음 학살 기록은 스기무라 후카시(杉村濬)

서기관이 보낸 전문이다.[31]

"전날 충청도의 충주 부근 지방에서 비도들이 떼 지어 봉기하여 그 기세가 장차 우리 병참 지부를 습격할 태세이므로, 이달 14일(음력 9월 16일) 충주지부의 수비병을 파견하여 막도록 하였습니다. 그리하여 단월(丹月)에서 비괴 3명을 체포하였고 15일 밤에는 청풍 부근에서 비괴 1명을 격살하였으며 비도 4명도 포획하였습니다. 이 날 사망한 비류는 약 30명입니다. 그들이 휴대한 양창(洋鎗) 2,000개와 화약 등도 탈취하여 모두 소각하였습니다. 우리는 상등병 1명만 상처를 입었을 뿐입니다."고 보고하였다.

이 기록에서 양창(洋鎗)은 신소총을 말하는 것으로 당시 농민군이 무기와 군량을 매우 많이 모아놓았다는 사실을 전해준다.

일본의 선제공격으로 수십명의 동학농민군이 살상되고 무기를 빼앗긴 성두환은 동학 교단에 기포령을 내린 후 4군의 동학농민군을 청풍 서창에 집결시켰다. 서창은 청풍 읍내에서 20리 거리의 남한강 강가에 있는 마을이다. 이 강은 충주 달천으로 흘러간다. 월악산 송계계곡을 따라 북쪽을 보며 내려온 물줄기는 등곡산 서쪽의 신당리를 거치면서 서창에서 흘러온 물과 합쳐진다. 그리고 충주로 들어가면 다시 달천과 합쳐진다.

서창에 대규모로 집결한 4군 동학농민군은 대읍 충주성을 공격하지 않았다. 충주에는 일본군이 주둔하고 있었던 것이다. 성내에 있는 일본군은 소수였지만 만만히 볼 수 없었고, 가흥과 안보에서 지원군도 빠른 시간에 올 수 있었다.

---

31) 忠州附近地方의 匪徒擊退.

성두환은 이미 이전에 경상도 예천까지 가서 활동한 접주의 한 사람으로 예천 굴머리 전투를 경험했고 예천의 동학 근거지를 와해시킨 전투인 석문전투도 잘 알고 있었다. 경북 예천에서 읍내의 유생들의 민간 군조직인 민보군(民堡軍)[32]이 동학농민군을 제압한 것은 경상도 북부지역 동학농민군에게 큰 타격을 준 사건이었다. 당시 예천에서 활동을 하면서 가까운 상주에 일본군이 전신선을 연결하고 수천명이 깔린 것을 보았기에 충주에서 대비를 했던 것이다.

일본군 가흥병참부는 서창집결지의 동정에 촉각을 곤두세우고 있었다. 그렇지만 소수의 주둔병으로 험한 지형의 집결지를 공격할 수 없었다. 그런 상황 속에서 성두환은 안보병참부 공격을 계획하였다.

동학농민군 2천명이 9월 27일 새벽 6시에 안보병참부에 접근하였다. 27일은 그믐이 되기 나흘 전이라서 캄캄하여 일본군은 인근까지 동학농민군이 접근하는 것을 알지 못했다. 당시 안보병참부의 주둔병은 38명이었다. 동학농민군은 무기의 열세를 공격 방법으로 보완하였다. 안보병참부의 사방을 둘러싸고 화공으로 격렬하게 공격한 것이다. 이런 공격에는 일본군 주둔병도 어찌 할 수 없었다. 병참부 건물과 일본군 이동 병력이 사용하던 막사도 모두 불타버렸다.

더 중요한 것은 전신선을 단절시킨 것이었다. 이 때문에 안보 병참부는 그 사태를 보고조차 하지 못하였다. 그 사정을 전신 연락으로 보고한 것은 가흥과 문경병참부였다. 이 두 병참부의 전신 보고는 즉각 이노우에 일본 공사에게 전달되었다. 각 병참부와 군용 전신소는 일본 대본영이 있던 히로시마에서 전투 장소였던 요동까지 증원 병력과 군수품을 보내는 통로인 동시에 명령을 전달하고 각종 정보를 연결하

---

[32] 1894년 동학 농민 운동이 발발하자 양반, 향리, 그리고 지방관들이 중심이 되어 농민군 진압에 참여함으로써 향촌 사회의 기존 지배 질서를 유지하고자 조직한 군대를 민보군(民堡軍)이라고 하였다.

던 긴요한 군사시설이었다. 안보병참부가 공격받은 사건은 청국과 한창 전쟁을 벌이던 중인 일본군에게 중대한 문제로 부각되었다.

용산 본부를 두고 있던 일본군은 일본 대본영의 지원군 파견을 시급하게 준비하는 한편 우선 인근 가흥병참부 병력을 지원군으로 파견하였다. 가흥병참부에서 파견된 지원군은 9월 30일 충주 내창과 청풍 서창을 기습하였다. 충주 내창은 가흥병참부의 동쪽 20리에 있었고, 서창은 충주 경계 동쪽 40리라고 했다. 여기서 막대한 총기와 창 그리고 화약과 연환 등을 노획하였다. 서창 집결군이 청풍 관아 등지에서 탈취해서 모아놓은 무기였다. 이것은 모두 소각되었다.

일본군은 안보병참부를 공격한 동학농민군의 실체를 잘 파악하지 못하였으나 창풍의 서창과 충주의 내창에 집결했던 동학농민군의 소행이라는 것은 알고 있었다. 그리고 서창 집결군의 지도자인 성두환을 추적했으나 안보병참부와 관련된 사실은 기록하지 않고 있다. 구체적인 증거를 갖지 못한 까닭이었다.

성두환 동학 농민군의 대응

서창 집결군으로 상징되는 제천·청풍·단양·영춘 4군의 동학농민군과 그 지도자 성두환은 일본군의 집요한 추적을 받았다. 성두환은 단양과 제천 그리고 영춘 등지로 피신하였다. 정면 대응하지 않고 세력을 유지하면서 먼저 피신했던 곳이 단양이었다. 피신과 동시에 일본군과 싸울 수 있도록 화승총과 창칼이 필요했고 그 방법은 관아에 있는 무기를 탈취하는 수밖에 없었다.

성두환 농민군이 단양과 제천 읍내에 들어가서 관아 무기를 탈취한 시기는 서창 집결지를 공격당한 직후인 9월 말이었다. 먼저 단양 관아의 무기를 탈취한 후 제천으로 갔다. 단양은 작은 군현이라서 서창에서 빼앗긴 무기를 보충할 정도는 아니었다. 성두환이 단양에서 가까운 영춘보다도 먼저 제천으로 들어간 것은 영춘에는 민보군이 결성되어 있었기 때문이었다.³³⁾ 제천은 현감 김건한이 공주 감영에 가서 공관인 상태였기 때문에 쉽게 관아를 점거해서 관아 무기를 탈취해 나왔다.

성두환은 10월 초에 영춘에 가서 읍내를 점거하고. 무기를 빼앗았다. 사방에서 읍내로 몰려가 점령하는 형태를 띠었다. 민보군을 결성한 유생과 향리들은 먼저 피신하여 보복을 당하는 일은 일어나지 않았다. 이후에도 일본군이 뒤쫓는 긴급한 상황이 계속되었지만, 성두환 부대는 각 군현의 읍내나 관아를 점거할 때 살상을 저지르지 않았고 또 불태우지도 않았으며 의병으로서 대의명분을 지켰다.

이후 성두환 농민군은 동학 주력군이 결집하고 있는 충북 보은으로 가지 않고 강원도쪽으로 나아가 영월, 평창, 정선을 중심으로 활동하던 강원도 동학농민군과 합류하는 것으로 보인다.

동학 농민군은 11월 1일 호서창의대장 성두환(成斗煥) 이름으로 포고문을 발표하고 의병을 일으킨 창의(倡義)의 대의를 밝혔다.

> "이번 동도(東道)의 창의는 나라를 돕고 백성을 편안히 하려는 것이다. 왜적이 창궐하매 국가가 조석으로 위태롭고 백성이 도탄에 들게 되었으니 말과 생각이 이에 미치매 통곡조차 할 수 없이 슬프다. 저 화친을 하는 적신(賊臣)과 유도(儒徒)가 외적과 결탁하여 나라를 위태롭고 욕되게 하고, …〈중략〉… 저 역적 이해수(李海壽)는 죄악이

---

33) 곳곳에서 유생들과 지방관들이 중심이 되어 민보군을 조직하고 동학군 진압에 나섰지만, 단양에서는 드문 일이 벌어졌다. 단양 군수 송병필이 유생을 불러 모아 일본군이 경복궁을 점거하고 국왕을 인질로 잡고 있다면서 동학농민군의 주장을 옹호했다.(『일성록』- 충청도선무사 정경원의 장계) 이 사실이 보고되고 나서 군수 송병필은 관직에서 파출당하였다.

하늘에 닿아 신과 인간이 함께 격분하니 남쪽의 예천과 동쪽의 강릉이 중심이 되어 죄를 묻기 위해 의로운 깃발을 들었다. 호서의 대군과 관동의 대군이 영월, 평창, 정선 등 지방에서 분담하여 이해수를 치자."[34]

즉, 성두환 동학농민군은 자신들이 봉기한 것은 나라를 살리고 백성을 편안히 하려는 뜻임을 밝히고 있으며, 일본과 결탁해 동학농민군을 공격하는 지방관과 유생은 나라를 배신한 적신(賊臣) 유도(儒徒)의 무리이므로 이들을 단죄해야 한다고 주장하고 있다.

그러나 당시 유생들에게는 이러한 농민군이 포악한 토적으로 인식되었으니, 영춘 유생 정운경은 성두환과 동학군을 이렇게 묘사하고 있다.

"영월·평창·정선의 3개 읍의 무기를 빼앗고, 평창에 주둔하여 군사를 풀어 사방을 약탈해서 거두어들이니 지나가는 곳마다 전멸하지 않은 데가 없었다. 임금이 진노하여 군대를 사방으로 보내어 그들을 찾아내어 잡고 토벌케 하였다. 일본군이 뒤를 이어 성두한의 부대를 공격하고 그들의 거처를 불태워서, 이르는 곳마다 옥석이 함께 불타고 탄식이 없는 데가 없었다."

일본군의 대대적 반격

일본 히로시마 대본영은 전주화약 이후 다시 봉기한 동학농민군을 진압하기 위해 후비 보병 제19대대를 증파하기로 결정했다. 이 대대는 시코쿠 출신 후비역 부대로 시모노세키의 방위를 맡았던 경험이

---

34) 『天道敎百年略史』, 281, 「포고문」.

많은 강력한 부대였다. 서울에 들어온 후비 보병 제19대대는 동로군 중로군 서로군 3개 지대로 편성해서 남하했다.

일본 공사 이노우에 가오루는 조선정부에 강요해서 경군 각 병영의 지휘권을 대대장 미나미 고시로 소좌에게 넘겨주도록 하였다. 조선정부는 외적의 침략이나 전쟁시에 만들어지는 양호도순무영을 9월 22일 설치하고 장신(將臣, 조선말기 각 영을 지키던 장군) 신정희를 도순무사에 임명하였다. 양호도순무영은 경군(京軍) 각 병영을 동원해서 동학농민군이 대규모로 집결한 중부지역으로 남하시켰다. 이 부대는 충청도와 강원도 그리고 경상도와 전라도를 순회하며 동학농민군을 진압했다.

당시에 조선 일본 연합군의 현지 최고 지휘관은 미나미 소좌였고 이토 병참감의 지시를 받았으며, 이 자는 히로시마 대본영의 병참총감 가와카미 소로쿠 중장의 명령을 받았다. 그러므로 동학농민군 진압을 지휘한 최고 책임자는 조선군이 아닌 히로시마 대본영의 카와카미 중장이었다.

히로시마 대본영의 훈령 : 초멸(剿滅)하라(모두 죽여 없애라).
러시아와 국제문제로 비화되는 것을 막아라.

제19대대에게 내린 훈령은 첫째 "동학당은 현재 충청도 충주·괴산 및 청주 지방에 모여 있으며, 그 밖의 동학당은 충청도 각지에 출몰한다는 보고가 있으니, 그 근거지를 찾아내어 이를 초멸하라."라는 것이었다. 초멸(剿滅)은 해산 차원에 그치는 것이 아니라 모두 죽여 없애라는 명령이었다.

둘째로 이와 함께 나온 지시문은 충주 방면을 막아서 강원도를 거

쳐 러시아로 들어가 국제문제로 비화하는 것을 막으라는 것이었다.[35]

이러한 훈령을 받은 일선 일본군의 대응 전략은 다음 보고서에 나타나 있다.

"군대를 출동시켜 한꺼번에 동학당을 초멸했으면 합니다. 그런데 요 사이 보고된 바에 의하면, 동학당의 많은 인원이 충청도 괴산·충주·청주 부근 지방에 있는 것으로 추측됩니다. 만일 이들을 한 방면에서 공격하면 반드시 다른 방향으로 도피할 염려가 있습니다. 그러므로 이들을 초멸하고자 한다면, 한쪽은 죽산·청주·충주 방면에서 진격하고 다른 한쪽은 진천·청주 방면에서 공격해서 결국 포위 공격하는 방법을 취하는 것이 바람직하다고 생각됩니다."

이러한 방침에 따라 19대대는 용산에서 충청 · 전라 · 경상 3도의 방면을 향하여 동 · 중 · 서로 진격하였다. 19대대 중 200여명의 동로군이 가흥에 도착한 날은 10월 19일이다. 동로군은 오는 날부터 주둔군과 지원군이 직접 공격하지 못했던 동학농민군 근거지를 기습하였다.

먼저 충주의 소태면 동막마을 성두환과 동학군의 근거지를 들이쳤다.[36] 동막 마을은 강원도 원주로 바로 이어지는 산골짜기 마을이라서 진압군을 파견하지 못한 곳이었다.

다음에는 청풍으로 직행하였다. 청풍 읍내 주변은 성두환 동학군

---

35) 駐韓日本公使館記錄』 1권, 四. 東學黨에 關한 件 附巡査派遣의 件 一 (37) 忠淸北道 東學黨 征討方略] 1) 忠淸北道 東學黨 征討方略 指示; 위 자료, 2권, 二. 京城 ·釜山·仁川·元山機密來信 (25) 東學黨 剿滅方略에 관한 具申.
36) 이노우에 가츠오(井上勝生), 「항일봉기와 섬멸작전의 사실을 탐구하여」(동학학회 엮음, 『경상도 구미 동학농민혁명』, 2016, 모시는사람들, 수록)

의 중심세력 근거지였다. 일부의 유림을 제외한 주민들의 지지를 받으며 관아의 무기를 탈취하여 북면 성내리를 중심으로 세력을 확대면서 무장세력을 키운 곳이다. 19대대 동로군은 성내리로 직행해서 여러 사람을 매우 잔인하게 학살하였다. 이들은 히로시마 대본영에서 내린 지시대로 동학농민군을 초멸하려고 학살뿐 아니라 마을을 모두 불태웠다. 청풍은 호된 보복을 받아 많은 집들이 파괴되는데 동로군에 속해 초멸작전을 수행했던 한 상등병의 「종군일지(從軍日誌)는 당시의 참혹함을 생생하게 전하고 있다.

"11월 21일, 오전 7시, 충주 출발. 도중 2리 남짓 가서 있는 촌락에 동학당의 접주가 있다는 것을 듣고 그 가옥에 도착하니, 도주하여 부재로 인해 가옥을 소실하다.

또 다시 전진하여 4리를 지나는 곳에 새 촌락이 있는데, 성내동이라고 한다. 민가가 모두 소실됨. 그 전, 후비 제10연대가 동학이 이곳에 집결한 것을 격퇴할 때 불태운 것이라고 한다. 우리 부대가 도착하자 촌민이 공포에 떨고 도주하다.

오후 5시, 청풍에 도착하여 숙박. … 일본군은 잔혹하였고, 마구 방화해서 엄청난 피해를 입혔다.

일본군 200여명이 10월 25일에 충주에서 청풍에 이르러 그 다음날 26일에 제천으로 떠나가는 길에 북면의 성내 녹전 등지에서도 동도 접주들의 집 4채를 불태웠고 접사 유재명(俞載命)을 쏘아 죽였다고 하였다.

동로군은 강원도는 물론 지대를 청주와 문의까지 보내면서 동학농민군의 근거지를 기습을 하였다. 그 과정에 청풍은 수많은 집들이 불에 타서 재가 되었다.

충주에는 서울에서 1개 중대가 더 파견되었다. 그래서 충주 일대와 강원도는 2개 중대가 동학농민군을 추적하였다. 여러 전투와 학살이 벌어졌을 것이지만 그 내용은 자료가 없어 확인되지 않는다.

동로군이 가흥병참부에 들어온 10월 19일부터 헤아려 무려 28일 동안 이 일대에 머물면서 성두환과 동학군의 근거지를 초멸했으나 성두환의 추적에는 실패하였다. 성두환과 동학군은 강원도와 충청도의 산골로 피해 다니면서 붙잡히지 않았다.

일본군은 성두환 농민군이 북쪽 강원 함경도로 이동하여 러시아로 탈출하는 것을 가장 염려했던 것같다. 다음 기사는 이 사실을 입증해 준다.

"단양 제천 부근에서는 동학도가 운집하여 거괴 성두한(成斗漢)이 있으므로, 이를 강원 함경 등 양도에 도주하지 못하도록 진격의 명을 내려 전진시켰다."
「오사카아사히신문(大阪朝日新聞)」 1895.1.20(양력 2.14) 기사

민보군의 만행

일본군이 동학의 거점을 기습한 이후, 제천에서는 서상무(徐相懋) 등 유생들이 민보군을 결성하였다. 이들은 이전에 감히 다가갈 수도 없었던 동학농민군 거점들을 공격하거나 성두환 등 지도자들의 연고지를 순회하기 시작했다.

"11월 24일 유생 등 120인이 창의하고 출발하여 곧장 청풍의 적괴 성운한(成雲漢)이 거점으로 삼고 있는 학현(鶴峴)으로 갔는데, 이곳은 청풍에서 가장 험한 곳으로, 네 개의 산이 벽처럼 서 있어서 겨우 한 길로만 통하게 되어 있습니다. 밤에 출발한 두 부대가 한결 같이 산 뒤의

석벽을 따라 가다가 동네 어귀에 들어 왔으나 아무도 없었습니다. 20여 리를 더 가니 인가가 40여 호 있었고 순찰하면서 방어하는 자들이 수십여 명이었습니다. 따라서 아군이 몰래 주위를 포위하고 있을 때 적진에서 총을 쏘며 응전하는 자가 1백여 명에 이르렀습니다. 아군도 총을 쏘며 응전하자, 적도들이 사방으로 흩어졌으며, 총에 맞아 죽은 자가 13명이었습니다. 성두한은 도망갔으나 아직 잡지 못했습니다. 날이 밝은 뒤에 적의 무기를 거두었는데, 총 23자루, 창 19자루, 환도 7자루였습니다."

"충주 적곡(赤谷)의 적괴 성두한이 있는 곳으로 곧장 나아가서 병사를 나누어 거주지를 포위하여 그 애비 성종연(成鍾淵)을 붙잡았습니다."

제천현감(堤川縣監) 오진영(吳振泳),
본 현의 창의유생(倡義儒生) 서상무(徐相懋) 등이 올린 보고서
– 『甲午軍政實記』 1894년 12월 20일, 12월 24일

생춘전(生春田)의 상황은 더 급박하였다.

"29일에 생춘전(生春田)에 있는 적의 소굴로 쳐들어가 적의 부대의 후미에 있는 봉우리를 따라 올라가 세력을 모은 뒤에 총을 쏘자, 적도들이 놀라서 무기를 모두 버리고 달아났습니다. 쫓아가서 20여 놈을 죽였고 적의 선봉 이경선(李景先)을 사로잡아 총살했습니다. 그리고 온 마을을 에워싸고 총 163자루, 창 56자루, 환도 16자루를 손에 넣었으며, 성두환의 아들 성병식(炳植)과 그 처를 붙잡고 즉시 제천의 감옥에 가두었습니다. 그리고 생춘전을 모두 불태워 후환을 없앴습니다."

제천 민보군은 동학농민군이 재기할 수 없도록 감추어둔 무기를 빼앗고 생춘전 마을 전체에 불을 지르는 만행을 저지른 것이다.

성두환의 최후

1894년 겨울은 몹시 추웠고, 눈이 많이 내렸는데 성두환과 청풍의 동학농민군 지도자는 강원도 일대를 떠돌면서 피신하였고 일본군과 강원감영의 영병들은 연합하여 추적하였다.

충청도뿐 아니라 강원도 감영에서도 성두환을 체포하기 위해 노력했지만 11월 11일까지 성과는 없었다. 해를 넘겨 을미(1895)년 1월부터 속속 대접주나 접주 등 지도자들이 체포되었다.

1월 19일(양력 1895년 2월 13일) 김창규(金昌奎)·임재수(林載洙)·김선달(金善達) 등 3명이 체포되었다. 김선달은 호서선무사 정경원이 청풍의 집강으로 탐지한 인물이었다.

> "충청도 단양에서 포박된 김선달·박의연(林義淵) 및 경상도 순흥에서 생포된 김창규 등은 모두 동학당 중의 거괴로 1만 명의 장인 자인데, 오늘 귀성한 중대에 의해 호송되어 왔고 경성 영사관에 인도됐다."
> - 오사카아사히신문은 1895년 1월 29일(양력 2월 23일) 기사

결국 성두환도 2월 20일 일본군에게 체포되었다.

> "북접 법헌이라고 칭함을 받는 최시형, 전녹두 등과 세력의 규모가 떨어지지 않는 충청도 동학도의 수령 성두한(成斗漢)은 우리 군사에게 잡혀 어제 경성에 호송됐다."
> 「오사카아사히신문」 1895년 2월 21일(양력 3월 17일)자 기사

성두환은 전봉준·손화중·최경선 등과 함께 재판을 받았다.
「판결선고서」는 다음과 같다.

    제19호 판결 선고서 성두한(成斗漢)
    충청도 청풍(淸風) 거주. 농업에 종사하는 평민
    피고 성두한(成斗漢). 나이 48세

    위에 기재된 성두한은 본도(本道), 충청도의 4개 산군(山郡)의 지방에서 무리를 모아 관고(官庫)의 군물(軍物)을 약탈하고 민간의 돈과 곡식을 빼앗았으며 관정(官庭)이나 마을에서 소요를 일으켜 더욱 혼란스럽게 해서 분수와 의리를 헤쳐 그 끝이 없다고 하였다. 그래서 본 아문의 재판소에 잡아와서 특별히 심문을 하였더니, 피고가 해당 지방에서 위의 사정을 함부로 저지른 증거가 명확하였다. 그 행위는 대전회통(大典會通)의 추단조(推斷條)에, "군복(軍服)을 입고 말을 타고서 관문(官門)에서 변란을 일으킨 자는 때를 기다리지 말고 목을 베라"고 한 명문(明文)에 비추어 처벌할 것이다. 위의 이유로 피고 성두한을 사형(死刑)에 처한다.
    개국 504년 3월 법무아문(法務衙門) 임시 재판소가 선고한다.

                                           법무아문 대신 서광범(徐光範)
                                           법무아문 협판 이재정(李在正)
                                           법무아문 참의 장박(張博)
                                           법무아문 주사 김기조(金基肇)
                                           법무아문 주사 오용묵(吳容默)

성두환은 전봉준·손화중·최경선·김덕명과 함께 1895년 3월 29일 교형(絞刑)을 받았다. 성두환의 아버지 성종연은 최제우의 도제로서 이른 시기에 동학을 기반으로 농민들 사이에 세력을 떨치었다. 이를 기반으로 성두환은 충청도 북부, 경상도 예천, 강원도 정선, 영월 등지에서 동학군을 조직하여 항일무장투쟁을 전개할 수 있었다. 성두환은 교수형을 당하고 그 아버지 성종연(成鍾淵)과 아들 성병식(成炳植)도 동학농민혁명 과정에서 죽음을 피하지 못 하였다.

5) 호좌의병진(湖左義兵陣)의 깃발

충주 동학농민의 항쟁은 1895년 3월 29일 성두환의 죽음으로 끝나지 않았다. 그해 10월 일본군은 민비를 시해하는 을미사변을 일으켰고 12월 단발령이 발표되자 백성들 뿐만 아니라 유생들도 큰 충격을 받고 전국 각지에서 의병 운동이 전개된다. 충주에서도 당시 국난에 대처할 것을 유생들에게 강론하던 유인석(柳麟錫)을 중심으로 창의 의병의 깃발이 오른다. 이를 계기로 동학농민군과 유생들은 뿌리 깊었던 갈등을 봉합하고 '구국'의 이름으로 하나 되어 '호좌의병진'을 출범시켰으며, 동학 농민군이 대거 참여해 의병세력의 중요한 기반을 이루었다. 1896년 지평 출신 이춘영이 포군부대를 규합하여, 원주 안창역에서 봉기함으로써 호좌의병진[37]의 의병항쟁이 시작되었다. 제천으로 진격한 의병부대는 단양 장회협 전투에서 승리한 이후, 조직을 정비하여 1만을 헤아리는 병사로 충주읍성 공격에 나선다.

충주관아와 읍성에는 관찰사 김규식 산하에 관군 400명 지방대 500명이 있었고, 왜병 200명이 주둔하고 있었다. 왜병이 이천과 여

---

37) 호좌의병진은 유인석을 의병대장으로 추대하고, 중군장 이춘영, 전군장 안승우, 후군장 신지수(申芝秀), 선봉장 김백선(金百先), 좌군장 원규상(元奎常), 우군장 안성해(安成海), 참모 박주순(朴胄淳), 사객(司客) 장충식(張忠植), 종사 이조승(李肇承)·홍선표(洪善杓)·이기진(李起振)·정화용(鄭華鎔) 등으로 조직을 갖추었다.

주로 출동한 사이 호좌의진의 주력부대는 2월 16일(음력 1월4일) 제천읍-주포-박달재-원서-다리재-북창-연원을 통과해 북문으로 진격하고, 별동대는 2월 17일 청풍-마지막재를 넘어 동문, 남문으로 진격 충주읍성을 장악한다.

  2월 18일부터 수안보와 가흥에 주둔한 일본군이 신식무기와 화포로 무자비하게 공격해와, 충주읍성은 20여 일간의 밤낮 없는 전투가 벌어진다. 이 전투에서 이춘영과 주용규가 전사하는 등, 의병의 피해가 심해지자 호좌의진은 동문을 나와 신당을 거쳐 청풍으로 들어가면서 막을 내린다. 1897년 10월 2일자 독립신문에 충주읍성내의 가옥피해가 1276호로 보도된 것을 볼 때, 이 전투를 가히 짐작할 수 있다.[38]

  1897년 호좌의병이 좌절된 이후 일본의 조선침략은 더욱 노골화되고 마침내 1904년 2월 최대 견제세력이었던 러시아와 전쟁이 발발하여 이듬해 1905년 가을까지 전쟁이 이어졌다. 결국 일본이 승리하고, 대한제국에 을사늑약을 강요하자 1905년 단양에서 또 다시 의병항쟁이 일어난다. 이러한 의병 항쟁이 1919년 3.1운동 이후 항일무장투쟁으로 계승되는 긴 역사의 서막을 이루고 있다는 것은 두말할 필요가 없을 것이다.

---

38) 역사도시 충주의 발자취, 전홍식.

6. 무학당 석비에 서린 역사여행을 마치며

목숨을 걸고 역사를 지켜온 사람들은 결코 그 역사를 잊지 않는다. 동학집강소 블로그의 성두환에 대한 자료에 따르면[39], 임진왜란이 끝난지 2년 되는 1600년(선조33)에 발표된 윤계선(尹繼善)의 한문소설 『達川夢遊錄 달천몽유록』[40]을 끌어내어 300년이 지나서 또 다시 반복되는 왜군이 저지른 참상을 상기시키면서 성두환의 동학 정신을 이렇게 기리고 있다.

"윤계선의 한문소설 『達川夢遊錄 달천몽유록』은 남한강 수계에 흐르는 임진왜란의 트라우마(잔혹한 상처)를 애절하게 전하고 있습니다. 동래에 상륙한 왜군은 문경 새재를 넘어 남한강을 젖줄 삼아 살던 조선 백성들의 생명을 무참히 도륙하였지요. 조선말 이 상처가 다시 살아나 일본군은 또다시 이곳을 중심으로 경상도-충청도-경기도-강원도를 점령하였습니다. 인적, 물적 교류의 목줄을 빼앗긴 동학도들은 적극적으로 대항했고, 중화사상에 도취된 성리학자들은 소극적이었지요. 이 적극성과 소극성 사이에서 '성두환成斗煥'이 '성두한成斗漢'으로 변했습니다. 그리고 결국 나라를 일본에게 빼앗기고 말았지요. 단편적인 이야기 몇 조각과 이름만 겨우 전하는 청풍 대접주 성두환. 이 이름에는 일본의 침략과 무능한 성리학자들에게 고통 받는 조선 백성들을 살리려는 동학의 정신이 압축되어 있습니다. 백성들에게 이 정신은 바로 '생명의 약초'였습니다.[41]
  밤이 깊었군요. 지금도 청풍강에는 북두칠성의 별빛이 반짝거리며 흐르고 있겠지요?[42]

---

39) https://blog.naver.com/zipgangso/222622025782
40) 임진왜란이 끝난 지 2년 후인 1600(선조33) 년에 발표된 소설
41) 성두환은 약초를 재배하는 농민이었다 - 편집자 주
42) 성두환의 이름 '斗煥'을 풀이한 뜻 - 주 27) 참조.

청풍강의 자취: 1985년 충주시 종민동과 동량면 사이의 계곡을 막아서 준공된 충주댐으로 조성된 청풍호 전경(사진 청풍면 물태리 일대). 이곳에 흐르는 남한강의 옛 이름은 파수(巴水)였으며, 청풍 사람들은 이 파수를 청풍강이라 불렀다. 지금은 그 자취가 모두 수몰되어 높았던 봉우리마저 섬으로 보인다.
현재 이 거대한 인공 호수는 '내륙의 바다'로 일컬을 만큼 수량이 많고 제천 지역의 금성면, 덕산면, 수산면, 청풍면, 한수면 일대를 아우르고 있을 뿐만 아니라 충주의 동량면, 살미면, 종민동, 목벌동에 걸쳐 있고 멀리 단양군 도담삼봉까지 이른다. 그래서 수몰지역이 가장 많이 속한 제천 지역에서는 청풍호라 부르고, 충주댐이 속한 충주 지역에서는 충주호라 부르며, 단양 일대의 호수는 단양호라고 부른다. 심지어 충주호의 탄금대 일원은 '탄금호'라 고까지 한다.

- 사진: 디지털제천문화대전, https://www.grandculture.net/jecheon/toc/GC03300184#self

    940년 고려 태조 왕건으로부터 '충주'라는 지명을 하사받고, 그로부터 313년이 지난 1253년 충주성 전투에서 죽음을 무릅쓰고 승리하여 몽고군을 물리친 충주, 그 339년 후인 1592년 임진왜란을 맞아 또 다시 삼천여 목숨을 받쳐 죽음으로써 항쟁하였고, 그로부터 121년이 흐르고 나서야 1713년 무학당이 설립되자 역사에 맺힌 원한을 180년 동안이나 가등청정의 허수아비를 베면서 설욕하고자 했건만, 1894년 동학혁명 시기에 일본군에 초멸을 당하여 박제가 된 채 20세기를 맞이한 충주, 그로부터 또 130년이 흘러 역사의 시계는 어느덧 21세기를 가리키고 있건만 충주에서 그 박제가 깨어나는 울음소리는 여전히 들리지 않는다.

  필자가 무학당 석비에 이끌려 2023년 그곳에 무학경당을 설립하고 그 석비에 얽힌 충주의 역사를 돌이켜보니, 수많은 생각들이 떠오르고 맴돌며 지나간다. '북두칠성의 별빛'이 되어 여전히 반짝거리며 흐르고 있는 충주 역사에 서린 한을 미미한 개인의 힘으로 어찌 달랠 수 있으리오마는, 우선은 그 역사를 잊지 않고 기억하는 것 만으로도 미력이나마 보탬이 될 수 있으리라고 믿는다. 그리고 진실로 무학당 석비에 적힌 글들이 다시 살아나 춤을 출 수 있도록 그 형해가 아니라 정신까지 복원해 보고 싶고 그날이 꼭 오기를 바란다. ✿

제 2 부

제 1 편
감사군(敢死軍) 대장 정기룡 장군의 전적(戰績)

제 2 편
정기룡 장군의 무예 실력과 조선의 무과 제도

제 3 편
조선의 무인 양성정책과 명장의 조건

제 4 편
조선의 무인과 무예제도의 현대적 의의

제1편

감사군(敢死軍) 대장
정기룡 장군의 전적(戰績)

"공(公)이 아니었던들 영남을 잃었을 것이고,
영남을 잃었던들 나라를 잃었을 것이다."
「無公則 無嶺南, 無嶺南則 無國家」

- 상주목사 이석표(尙州牧使 李錫杓)
(병인년 영조22년, - 「매헌실기 서문」에서)

1. 서론

1) 임진(壬辰)년 조선의 상황과 전쟁의 개괄

14세기 말부터 15세기 초에 걸쳐 고려 시대의 사병(私兵)을 혁파하고 병권(兵權)의 중앙집권화를 이룩한 조선왕조는 15세기 중반 120만의 장정을 군역(軍役)으로 장악하고 운영하여 북방으로부터 침략을 막아내고(4군 6진의 개척), 이후 16세기 초까지 전쟁이 없는 태평세월을 맞이한다. 바야흐로 국가 제도가 완비가 되고 주자학 중심의 유교문화가 활짝 꽃피어 이황, 이이, 조식, 유성룡, 기대승, 윤두수, 정철, 허준, 신사임당 등 걸출한 인물들의 활약으로 정치, 철학, 문학, 의학 등 각 분야의 학문이 절정을 이루고 있었다.

사회·경제적 분야에서도 16세기 조선은 농업과 수공업의 기술 발달과 생산력 향상을 바탕으로 대농장의 출현, 장시(場市, 5일장의 전신)의 대두 등 상업의 발전, 면포 생산력 증대와 대외교역(중국과 일본)의 증가, 그리고 이에 따른 은(銀)의 수요 증대와 은광의 개발 등 급격한 발전과 변동을 겪게 된다.

이러한 변화는 백성들에 대한 수탈 강화를 낳은 한편, 양반 사회의 대립과 당쟁을 점차 심화시켜 급기야 각 당파간에 서로 목숨을 건 사화(士禍)[1]에 휩싸이게 만들었다.

그 결과 16세기 후반에 들어서서 국정의 문란을 가져오고 백성의 생활은 어려워졌으며 국방은 형편없이 되었다. 국가방위체계는 1592년 군적을 정리할 때 정병이 18만명 잡색군이 18만명으로 모두 36만명이나 등록이 되어 있었으나, 당시 조선왕조에 장악되어 있던 군대는 전국적으로 1000명이 못되었다고 한다.[2]

---

1) 정치적 측면에서 보면, 고려 시대 귀족중심의 폐해를 극복하고자 했던 조선은 유교적 질서에 입각한 왕권중심의 사회를 세우려 했다. 이를 둘러싸고 초기 조선의 양반계층은 훈구파와 사림파로 분열되었으며, 그 갈등은 마침내 연산군(燕山君) 시대인 1498년 무오사화(戊午史禍-김종직의 사초 문제)와 1504년 갑자사화(戊午士禍-연산군의 생모 윤씨 폐비 묵인 문제)로 폭발되었다. 연산군은 많은 신료들을 제거하고 왕권을 강화한 듯 보였으나 이를 폭정으로 규정하고 반기를 들며 결탁한 훈구 사림파 신료들의 정변(政變)으로 폐위되었다. 이후 중종(中宗) 14년(1519)에는 조광조를 중심으로 득세한 사림파를 제거하는 기묘사화(己卯士禍)가 발생하였다.
중종(中宗) 이후에는 훈구-사림파의 대립을 넘어 경제사회적 이해관계에 따른 권력투쟁 성격이 노골적으로 드러났다. 중종의 배다른 두 아들이 인종(仁宗)과 명종(明宗)이다. 이들 모두 파평윤씨(坡平尹氏)를 외척으로 두고 있었는데 왕위계승을 둘러싸고 윤임(尹任)과 윤원형(尹元衡)이 대윤(大尹)과 소윤(小尹)으로 나뉘어 파벌을 형성하였다. 1545년 인종이 왕위에 오르자 윤임이 득세하고 8개월만에 인종이 죽고 12살의 명종이 즉위하자 이번에는 윤원형이 득세하여 을사사화(乙巳士禍)를 일으켜 상대파벌을 제거하였다. 이어 1567년 방계(傍系)의 인물인 선조가 왕위에 올랐으나 이제는 인사권의 문제로 서쪽에 사는 심의겸(沈義謙)과 동쪽에 사는 김효원(金孝元)이 대립하자 양반 관료들은 동인(東人)과 서인(西人)으로 갈라져 다투었다. 1590년 동인 김성일과 서인 황윤길이 일본의 정황을 알기 위해 사신으로 다녀 왔으나 서로 정황을 보는 눈이 달랐다. 결국 조정안에서 동인의 의견이 우세하여 일본이 쳐들어 올 일이 없다는 결론을 내린다. 김성일이 유성룡에게 "나도 어찌 왜적이 침입하지 않을 것이라 단정하겠습니까? 다만, 온 나라가 불안에 휩싸일까봐 그런 것입니다." 고 변명한 바와 같이 태평시대가 주는 당파의 이익을 위해 전쟁 대비를 위한 국면 전환을 인정하지 못한 당쟁의 폐해였다. 이후 조선왕조는 영조 시대에 이르러 탕평책과 왕권강화를 통해 당쟁을 조정하는 길을 모색하게 된다.
2) 조선통사.

반면 주변국인 왜는 도요토미 히데요시가 나라를 통합하고 조선을 침략하기 위해 광분하고 있었다. 전 군을 동원한 훈련을 강화하면서 포루투칼에서 전래된 조총을 대량생산하고, 무기점검을 끝낸 왜군은 1592년 4월 13일 육군과 수군 20만명으로 조선을 침략해 왔다. 조선은 4월에 부산이 침공당하고 20일 뒤인 5월에는 서울을 빼앗겨 국토를 유린당하는 수모를 겪는다.

유성룡은 「서애집」에서 초기의 상황을 "임진년 난리가 일어나자 놀랍기 그지 없는데 불과 보름 사이에 서울을 잃게 되고 곳곳이 무너졌으니, 그동안 태평한 세월을 지내서 백성이 전쟁을 몰랐던 까닭이다"고 평하였으며, 속 동국병감은 당시의 상황과 백성들의 반응에 대해 "백성들은 전쟁을 알지 못하여 왜적의 위풍만 바라보아도 와해되어 감히 그 예봉을 막을 수가 없었다. 그래서 왜적은 멀리까지 달려 나와 마치 사람이 없는 지경을 들어가는 것과 같았다."고 전하고 있다.

당시 조선 정부의 대응을 보면, 왜군의 침략 후 5일이 지난 4월 17일에서야 경상좌병사 박홍(朴泓)의 장계로 이 사실을 알게 된 정부는 이일(李鎰)을 순변사(巡邊使)로 삼아 중도(中道)로, 성응길(成應吉)을 좌방어사로 삼아 좌도(左道)로, 조경(趙儆)을 우방어사로 삼아 우도(右道)로 각각 내려 보내고, 유극량(劉克良)과 변기(邊璣)를 조방장으로 임명하여 조령과 죽령을 지키게 하였다. 그러나 이일이 정병 300명을 데려가기 위하여 3일간 지체하다 그것도 안되어 부장인 유옥(兪沃)이 모집하여 데리고 가기로 하고 이일 혼자 출전하였다.

이후 4월 26일 선조가 마지막으로 믿었던 신립(申砬)[3] 군대가 충

---

3) 신립(申砬): 임진왜란 직전 무렵 두만강을 넘어온 여진족 니탕개(尼湯介) 추장의 반란을 기마전술을 사용한 적은 수의 군사로 대파하고 6진을 지킨 용장(勇將)이다. 그래서 선조는 신립을 신뢰하여 삼도순변사에 임명하고 직접 보검을 하사한 뒤 충주로 파견했

주 탄금대 전투에서 패배하고 왜군이 밀려오자 정부는 백성들과 더불어 항전할 생각은 하지 않고 평양으로, 의주로 도망치기에 바빴다. 아무런 대책도 세우지 않은 채 서울을 버리고 북쪽으로 달아나는 무능한 정부의 행동에 격분한 서울 백성들은 노비문서를 보관하던 장혜원과 궁전에 불을 질렀다고 한다. 정부에 대한 백성의 분노와 원한이 얼마나 컸던가를 잘 보여주는 대목이다.

이처럼 왜란 초기 패배는 방어체제상의 허점, 무기체제상의 열세, 전의 부족, 정부의 피난 등 여러가지 요인이 있었으나 그 중에서도 국정의 문란과 국방의 와해가 주된 요인이었다.

그러나 이러한 초반의 열세는 수군이 왜군에 승리하고 전국 각지에서 일어난 의병들과 애국명장들이 왜군을 격파함으로써 수개월 내에 반전되고 있었다.

5월 7일 이순신이 이끄는 수군은 옥포에서 적선 44척을 격파하고 왜군 수천명을 살상하는 승리를 거두었다. 그 후 수군은 노량해전과 한산대첩에서 왜 수군을 차례차례 격파하여 왜군에게 커다란 타격을 주었다. 특히 7월 8일 왜선 59척을 격침시켰던 한산대첩은 적의 주력함대에 결정적인 타격을 주었고 이 결과로 우리의 수군이 제해권을 완전히 장악하게 된다. 그 결과 왜군의 수륙병진계획은 파탄되었으며 더 이상 육지의 북쪽으로 침공할 수 없게 되었다.

으나, 평소 일본군을 왜노(倭奴)라 하고, 일본군의 조총도 '어찌 쏘는 대로 다 맞는답니까' 하며 무시하였으며, '수적으로 불리하니 조령의 천연지형을 이용해 적들을 협곡으로 끌어들인 다음 양쪽에서 공격해야 한다'는 막료들의 건의를 무시하고, '조령의 험지는 기마병을 활용할 수 없으니 들판에서 싸우는 것이 적합하다'고 고집하여, 탄금대(彈琴臺)로 나가 남한강과 달천에 배수진(背水陣)을 쳤으나, 논이 많고 습지가 많은 지역이라 기병의 기동력이 떨어질 수밖에 없었고, 결국 조령을 넘어온 일본군에 대패하였다. 신립은 죽기를 각오하고 말을 달리면서 활을 쏘아 적 수십 명을 죽인 뒤 탄금대를 끼고 흐르는 물에 뛰어들어 전사했다. 후에 영의정에 추증되었으며 충장(忠將)이라는 시호를 하사받았다.

육지에서는 7월 전라좌도 도절제사 권율이 7000여 군사를 모아 이치(梨峙, 배고개 : 금산군에 있는 고개) 전투에서 적군 수만명을 죽이고 전라도를 지켰다. 그리하여 향후의 전쟁에서 전라도가 군수물자를 공급하는 근거지의 역할을 하게 된다.

이어 10월 초순 진주성에서 김시민이 군사 3,800여 명으로 그 열배가 넘는 3만여명의 왜적을 물리치고 진주성을 지킴으로써 조선군의 사기는 더욱 올라가게 된다. 이외에 경상도의 곽재우(郭再祐) 부대, 전라도의 고경명(高敬命), 김덕령(金德齡) 부대, 경기도의 우성전(禹性傳) 부대, 황해도의 이정암 부대, 함경도의 정문부(鄭文孚) 부대 등 전국 각지에서 의병들이 일어나 정부군과 연합하거나 혹은 독자적으로 잇따라 왜군을 물리침으로써 전쟁은 조선에 유리하게 전개된다.

초기의 상황과 다르게 왜군은 수세에 빠져 도로 연변을 겨우 유지하는 형편이 되었고, 반면 우리의 역량은 강화되어 육군과 수군이 약 20만명으로 장성되고 무기도 개선되었다. 이리하여 1593년 1월 명(明)군과 함께 평양 탈환전투를 벌여 평양을 탈환하고 4월에는 서울에서 왜적을 몰아내었으며, 계속해서 왜군을 남해안 좁은 구역으로 몰아내면서 1593년 8월 부터 휴전기에 들어간다. 휴전기에 접어들면서 정부는 국방강화에 힘을 쏟았다.

1594년 훈련도감을 설치하고 군대의 편재를 개편하였으며 훈련방법도 개선하였다. 수군 방비에도 전라도 백성들의 적극적인 지원과 노력으로 300여척의 함선이 새로 건조되었다. 그 후 1597(정유)년 1월에 14만의 왜군이 재차 침공을 하였으나 명군과 연합한 조선의 육군과 수군의 승리로 1598년 11월(음) 마침내 왜적들을 완전히 몰아내었다.

2) 정기룡 장군 전적의 현대적 의의

정기룡은 가난한 선비 집안에 태어나 임진란 당시 갓 무과제도를 통과한 종9품의 초급무관이었으며, 31세의 나이로 이순신 장군보다 17세 적고 권율 장군보다 20여세 적은 젊은 무관이었다. 1603년(선조 36) 공신도감에서 공신 등급을 정할 때 왜적을 정벌한 공로로 취품(取稟)한 26인의 명단에는 이순신, 권율, 원균 등과 함께 정기룡의 이름이 올려져 있었으나, 이듬해 6월에 봉해진 최종 선무공신(宣武功臣) 18인에는 빠져 있다. 이러한 여러가지 이유로 그의 공적이 널리 알려지지 못한 것 같다.

그러나 정기룡은 국난의 과정에서 9개월간의 공훈으로 초고속 승진하여 종5품의 장군이 되었기 때문에 그의 전적 분석은 조선의 무과제도를 이해하는데 훨씬 도움이 된다. 더우기 정기룡 군(軍)의 전투과정에는 무과제도의 시험과목으로 등장하는 무기와 무예들이 다양하게 나오고 있을 뿐 아니라, 왜군을 통쾌하게 물리친 조선군의 기상이 살아 숨쉬고 있다. 이에 대한 분석을 통하여 조선시대 무인들의 무예와 기상을 이해할 수 있으며, 전투 과정에 사용된 전술을 토대로 조선시대 무관의 자질과 무관 양성을 위한 정부의 정책을 알아 볼 수 있는 실마리가 된다.

임진란 당시 전 민(民)의 항전 과정은 결코 순조롭지만은 않았다. 당파간의 모함과 시기심으로 인하여 의병장 김덕령 장군은 죽임을 당하고 곽재우 장군은 곤욕을 치루었으며 이순신 장군은 백의종군을 겪어야 했다. 이러한 와중에도 정치인들의 모략을 받지 않고 오직 무인으로서 국난극복에 전 생을 보낸 정기룡의 삶은 행운이라고 평가할 수 도 있지만, 오직 자신의 역할만을 묵묵히 했기 때문이라고 볼 수도 있다. 여기서 우리는 오직 자신의 일에만 충실했던 조선시대 한 무인의 삶을 볼 수 있으며, 이를 통해 무인의 올바른 삶의 길이 무엇인가를 다시 한번 생각하게 된다.

이러한 개인사에 대한 올바른 평가작업 또한 이 시대를 살아가는 현대인들에게 충분한 의의가 있을 것이며, 무관으로서 갖추어야 할 자질의 관점에서 그의 삶을 바라보는 것도 이 시대의 무인들에게는 큰 의미가 있다고 생각된다.

안타까운 일이지만, 조선시대는 무인을 천시하고 무예는 활쏘기 하나밖에 존재하지 않았다고 생각하는 현대인들이 많다. 그 이유는 주로 일제 36년의 시기를 거치면서 조선의 권위와 위엄을 깍아내리고자 하는 의도가 역사 연구의 각 분야에 짙게 스며들어 아직도 가시지 않고 있기 때문일 것이다. 이 글을 통해 임진왜란을 승리로 이끈 조선 무인들의 구체적 전술과 무예를 다시 한번 살펴봄으로써 조선의 무예와 무인의 기상을 명실상부(名實相符)하게 이해하고 우리 전통의 위엄을 성찰하는 계기가 된다면 더할 나위가 없겠다.

2. 정기룡의 성장과정

　정기룡의 초명은 무수(茂壽)인데 선조대왕의 명령으로 기룡(起龍)으로 이름을 고쳤다. 자는 경운(景雲)이며, 호는 매헌(梅軒)이다. 그가 무과에 합격하여 기룡(起龍)이란 이름을 얻게 되던 날은 1586년 10월(선조19년) 임진왜란이 일어나기 6년 전의 일이었다.

　하루는 선조가 꿈을 꾸었더니 한 용(龍)이 종루가(種樓街)에서 일어나 하늘로 올라가는 것이었다. 꿈을 깬 선조는 너무도 꿈이 이상하여 중사(中使)로 하여금 종루에 가 보도록 하였다. 어명을 받은 중사가 종루에 가 보았더니 아무 일은 없고 다만 한 장정(壯丁)이 종루기둥에 기대어 코를 골며 자고 있었다. 궁중으로 돌아온 중사가 본 바를 아뢰었더니 선조는 곧 그 장정을 데려오라 명하였다.

　어명으로 궁중에 들어간 장정의 성명은 정무수(鄭茂壽)였고 관향(貫鄕)은 진주(晉州)요, 고향은 경상도 곤양(昆陽)이었다. 기골이 장대하고 기품이 늠름한 장부를 본 선조는 그가 보통 인물이 아님을 알고 이름을 기룡(起龍)이라 고치게 하였다. 그때 그의 나이는 25세요, 무과(武科)를 보고 방(榜)을 부르기 바로 전날 밤의 일이었다. 다음날 방을 부를 적에 특히 어명으로 임금이 준 이름으로 홍패를 고쳐 쓰게 하니, 보는 이가 다 영광스럽게 생각하는 것이었다.

---

4) 『梅軒實記』: 2권 1책. 목판본. 정기룡의 활동상을 알려주는 자료로서는 일찍이 장군의 사적이 인멸될 것을 염려한 상주목사 박장원(朴長遠)의 권고로 조정융(曺挺融)이 1658년(효종 9년)에 찬한 「사적(事蹟)」이 있다. 그러나 너무 소략하여 정기룡의 실상을 전해주기에 부족하였으므로, 1718년(숙종 44) 장군의 증손 윤(綸)의 요청으로 채휴징(蔡休徵)이 「연보(年譜)」를 편간하였다. 이후 1746년(영조 22) 상주목사 이석표(李錫杓)가 장군의 손자 귀정(龜禎)을 통해 받은 「연보」와 「사적」 그리고 장군가에 전해오는 신도비명, 제문 등 기타 문적을 묶어 2권 1책으로 편간하였는데 그 책이름을 정기룡 장군의 호를 따서 『梅軒實記』라 하였다.
현전 <매헌실기>는 상주의 정기목(鄭基木)씨 본과(판본 전질과 요대 신패 등 소장 유물은 현재 보물 제669호로 지정되어 있다) 부산의 정길영(鄭吉永)씨 본 2본이 있다. 1999년 상주시(시장

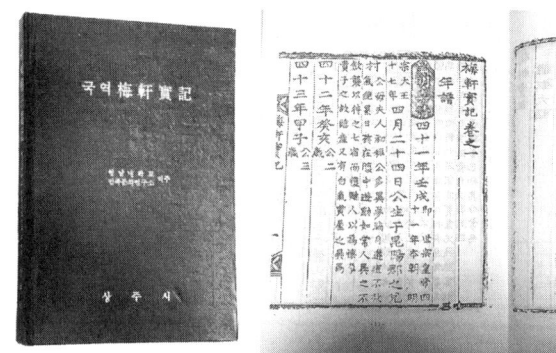

국역 매헌실기(梅軒實記) 상주시(시장 김근수) 발행(1999년), 영남대학교 민족화연구소(소장 김윤곤) 번역(해제 김윤곤, 역주 이재호)

    정기룡은 1562년(명종17년) 4월 24일 경상도 곤양군 태촌(兌村)에서 가난한 선비 정호(鄭浩)[5]의 둘째 아들로 태어났다. 어려서부터 기골이 장대하고 패기가 가득하여 여러 아이들을 굴복시켜 그의 명령에 따르게 만들었다. 언제나 나무막대기로 놀기를 좋아하고 글공부에는 별로 뜻이 없었다. 그 아버지도 아들의 기상을 살펴 굳이 글공부를 강권하지 않고 오히려 원하는 대로 활쏘는 일을 허락하였다.
    무수(茂壽)의 휘파람 소리가 들리면 뭇 아이들은 밥을 먹다가도 달려나오지 않으면 안 되었다. 그가 이렇게 활을 쏘고 동네 아이들을 제압하여 장부의 기상을 나타낸 것은 여덟 살 때부터라고 그의 전기(傳記-梅軒實記)에 기록되어 있다. 열세살이 되던 해에 아버지를 여의고 형(兄) 인수(仁壽)와 더불어 묘 옆에서 3년의 거상을 어른과 다름

    김근수)는 영남대학교 민족문화연구소(소장 金潤坤)에 의뢰하여 번역하고(전 부산대학교 교수 李載浩 박사 역주) 번역본 뒤에 원본을 붙여 『국역梅軒實記』로 간행하였다.
5) 정기룡의 증·조·고 3대는 임진왜란 직후 선조 27년에 처음 추증(追贈)되었고, 이후 정기룡이 56세 되던 광해 8년에 3대가 각각 좌승지(정3품), 병조참판(종2품), 의정부 좌찬성(종1품)에 추증(追贈)되었다. 정기룡은 현재 곤양(昆陽) 정(鄭)씨의 시조이다.

없이 치루었다.

16세 되던 해에 거상을 벗고 형 몰래 무예(武藝)를 계속하여 익혔다. 칼 쓰는 법이며 말 달리는 법도 뛰어나게 늘어갔다. 처음에는 무예를 익히는 것을 반대하던 형도 그의 재주를 보고는 끝내 말리지 못하고 말았다.

그가 18세 되던 해 8월 이웃 고을 고성(固城)에서 향시(鄕試)가 있었다. 그는 여기에 응시하여 초장(初場)에 급제했으나, 동생을 격려하여 함께 왔던 형이 고향으로 돌아가는 길로 병이나서 세상을 떠나 버렸다. 부고(訃告)를 받고 고향에 달려온 정기룡은 "나의 형이 나로 인하여 병이 났으되 살아서 약 한 첩 권하지 못했고 운명할 때에도 종신을 못했으니 이 죄를 어이 갚으리." 하면서 통곡을 하였을 뿐 아니라 3년 동안 고기를 먹지 아니하고 손에 활을 잡지 않았다고 한다.

스물네 살 되던 해에는 진주 강씨(晋州姜氏)를 부인으로 맞이 하였고, 25세에 큰 뜻을 품고 서울에 올라와 무과(武科) 별시(別試)에 합격함으로써 선조의 총애를 받기에 이르렀다.

26세 되던 1587년(선조 20년) 봄에는 국법에 따라 3년간 북녘 변방으로 종군(從軍) 길을 떠났다. 29세에 함경도북병사 신립(申砬)의 막하(幕下)[6]에서 일하였고, 이듬해 30세에는 전력부위 훈련원 봉사(奉事, 종8품 관직)가 되었다가 1592년(선조 25년) 임진년에 왜군을 맞아 우방어사 조경(趙儆)의 막료(幕僚)[7]로서 임진왜란시의 활동을 개시하게 되었던 것이다.

---

6) 주장(主將)이 거느리던 장교와 종사관.
7) 각군(各軍)의 사령관(司令官) 등에 직속하여 참모일에 종사하는 장교.

3. 임진왜란(壬辰倭亂)

1) 청년 장교의 지략

1592년(선조 25년) 4월 13일 20만의 대군을 이끌고 대륙침략을 꿈꾸던 왜군의 제1진이 부산포에 상륙하였다.

임진왜란이 일어나서 동래(東來)로부터 여러 고을이 왜군에 함락되자, 경상도 관찰사 김수(金睟)와 경상좌도수군절도사 박홍(朴泓) 그리고 경상좌도병사 이각(李珏)등은 왜군이 침입하였다는 소문에 놀라 도망하여 숨어버렸다. 급보를 받은 조정에서는 이일(李鎰)을 순변사(巡邊使)로 삼아 중도(中道)로, 성응길(成應吉)을 좌방어사로 삼아 좌도(左道)로, 조경(趙儆)을 우방어사로 삼아 우도(右道)로 각각 내려 보내고, 유극량(劉克良)과 변기(邊璣)를 조방장으로 임명하여 조령과 죽령을 지키게 하였다. 우방어사 조경이 영남으로 출전하려 할 때, 무과출신 정기룡이 조경의 휘하에 종군(從軍)할 것을 자청하였다. 조경의 군사가 새재에 이르렀을 때 왜병의 선봉은 이미 아군의 눈앞을 가리고 있었다. 당황한 조경은 막료들을 불러놓고 참모회의를 열었다.

"무릇 이 도적들은 천하의 강병(强兵)으로 남의 나라를 침략하려고 몇해를 별러 왔습니다. 이제 그들은 치밀한 전술전략(戰術戰略)을 갖추었고, 게다가 조총(鳥銃)까지 가지고 있습니다. 태평연월에 조련(操鍊)되지 않은 우리 군사로 저들을 막을 길은 없습니다. 오직 한 가지 생각 할 수 있는 일은 본시 왜병은 보병(步兵)이 그 주력이 되어 평원의 광야를 몰려다니면서 돌격하는 것이 그 장기(長技)이니만큼 기병(騎兵)을 당하지는 못할 것입니다. 그러하오니 날쌘 말(馬)

과 지용(智勇)을 겸비한 기병을 골라 회호리바람처럼 급작스럽게 적진을 공격한다면 적은 반드시 놀랄 것이요, 놀라면 반드시 흩어질 것이요, 흩어지면 반드시 적진이 어지러워질 것입니다. 그 어지러운 틈을 타서 보병을 투입(投入)하여 결전하는 것이 이번 싸움에 상책이라고 생각합니다. 만약 보병을 먼저 움직인다면 헛되이 죽음만이 기다리고 있을 뿐입니다."

이렇게 외치는 청년 장교가 있었으니 그가 바로 삼남(三南)을 지킨 임란의 명장 정기룡이었다. 조경은 정기룡의 의견을 받아들여 곧 그를 선봉돌격장(先鋒突擊將)으로 삼고 전투를 시작하려고 하였다. 그러나 겁이 많은 다른 모든 장교들이 맹렬히 반대하였다. 조경도 끝까지 우기지를 못했고 정기룡도 마침내 그뜻을 이루지 못했다.

이때 왜군은 김해(金海)를 거쳐 경상도 우도(右道:낙동강의 서쪽지역)쪽으로 북상하였다. 생각다 못한 정기룡은 수십명의 부하를 거느리고 먼저 지례(智禮)의 우지현을 넘었다. 오백여 명의 적군이 이미 거창(居昌)의 신창(新昌)에 와 있었다.

정기룡은 수십명의 군사를 거느리고 선두에서 나아가다가 거창(居昌)의 신창(新昌)에서 적의 선봉 500명과 부닥쳤다. 따라온 기병(騎兵)들이 적병을 보더니 모두 무서워 감히 앞장을 서는 사람이 없었다. 정기룡은 칼을 빼어 들고 말을 달려 적진으로 돌입하여 단기(單騎)로 적진의 중앙을 뚫고 들어갔다. 몇 번이고 거듭되는 돌격전에서 적병이 연달아 쓰러졌다.

이를 본 부하들이 용기를 얻어 앞을 다투어 적진으로 몰려 들어갔다. 아군의 휘두르는 칼 앞에 적군의 목이 뎅겅뎅겅 떨어져 나갔다. 정기룡과 군사들은 적을 무찔러 크게 격파하였다. 정기룡과 군사들은 이 첫싸움에서 백여 명의 적병을 베었다.

이것이 임진왜란이 일어나서 최초로 아군이 이긴 전투였다. 그러나 첫싸움인 만큼 그들은 수급(首級)[8]을 바치는 것을 알지 못했기 때문에 맨손으로 군영으로 돌아왔다. 비록 싸움에는 이겼으나 이긴 증거가 없기 때문에 오히려 겁많고 시기심 많은 다른 군사들의 모함거리가 되고 말았다. 따라갔던 부하들도 분함과 억울함을 참지 못하고 정기룡을 원망 하였으나 그는 끝끝내 변명하려 들지도 않았다.

2) 명마와 기병 전술

대군을 이끌고 밀물처럼 쳐들어 온 왜군은 어느덧 거창(居昌) 일대를 메우고 말았다. 우방어사 조경은 지례(智禮)에 군진을 쳤으나 어찌할 바를 몰랐다.

하루는 정기룡이 동료 김태허(金太虛) 등 기병(騎兵) 8명과 더불어 다시금 우지현(牛旨峴)을 넘어 거창으로 들어갔다. 객사(客舍)[9] 앞에 말을 매고 난간에 의지하여 잠시 잠이 들었다. 밤이 이슥하자 적병이 포위하여 들어오고 있었다. 잠을 깬 그는 당황하는 병사(兵士)를 달래어 침착하게 명령을 따르라 하였다. 어두운 밤에 적의 상황을 알지 못하고 움직일 수는 없기 때문에 날이 밝는 것을 기다려 빠져나갈 것을 결심했다.

겹겹이 둘러친 적의 포위망을 뚫고 나가기란 도저히 불가능할 것 같았다. 정기룡은 드디어 말을 타고 높은 담을 뛰어넘기로 했다. 그러나 다른 병사들은 자신이 없다고 두려워하였다. 그는 첫번째 말이

---

[8] 전장에서 벤 적의 목
[9] 딴 곳에서 온 관원을 대접하여 묵게 하던 집.

뛰어넘으면 다음 말들은 따라 넘는 법이라고 설명하고 채찍을 휘둘러 높은 담을 무난히 뛰어 넘었다. 다음 말도 다음 말도 다 뒤따라 넘어왔다. 겹겹이 싸인 포위망을 향하여 유성(流星)처럼 날쌔게 달려들었다. 정기룡의 말머리가 향하는 곳마다 적군은 바람에 나부끼는 갈꽃처럼 흩어졌다. 이렇게 위급한 싸움터에서도 그는 베어 버린 적의 목을 거두는 것을 잊지 않았다.

적의 포위망을 벗어난 정기룡 일행이 우지현 중턱에서 잠시 쉬고 있는 동안 문득 적기(敵旗)가 길을 가로막았다. 산 위에서도 산 아래에서도 일제히 함성이 일면서 정기룡 일행을 포위해 들어왔다. 정기룡의 용맹한 전투에 놀란 왜적들이 복병(伏兵)[10]을 깔아 사로잡으려는 계략임이 분명하였다. 그는 다시 포위망을 뚫을 생각을 했다. 다른 병사들은 죄여오는 포위군을 보고 질려서 어찌 할 바를 몰랐다.

말에 올라탄 정기룡은 칼을 칼집에 꽂아 넣고 길가에 있는 상수리나무를 뽑아 쥐었다. 이럴 때에는 짧은 칼보다는 기다란 몽둥이가 더 좋다고 생각했기 때문이다. 말을 달리며 좌우로 휘두르는 몽둥이 끝에서는 바람이 일면서 닥치는 대로 왜병의 머리가 산산조각이 났다. 그 뒤를 따라 일행은 포위망으로부터 무사히 빠져나올 수 있었다. 위급한 처치에서 빠져나오자 몽둥이를 버리고 쫓아오는 적병을 몸을 돌려 활을 쏘아 10여명을 죽였다. 적병은 더 이상 추격하지 못하였으며, 그를 따르던 병사들도 모두 무사하였다.

적병의 추격이 끊기니 정기룡은 다시 말머리를 돌려 몽둥이에 맞아 쓰러진 놈, 화살에 맞아 쓰러진 놈 할 것 없이 모조리 목을 베어다가 같이 갔던 동료들에게 나누어 주었다. 이로부터 정기룡의 휘하 군사들은 그의 용맹을 믿고 어떠한 위기에 처하더라도 조금도 두려워

---

10) 적군을 불시에 공격하기 위하여 숨기어 둔 군사.

하지 않았다. 정기룡은 적병의 머리를 베면 그 공을 모두 휘하 군사들에게 나누어 주었기 때문에 군사들은 그를 위해 흔쾌히 목숨을 바쳐 싸웠다.

후에 김태허가 벼슬이 병사(兵使)에 이르렀을 때에 지난 날의 정기룡을 회상하면서 다음과 같이 말하였다고 한다.

> "정 장군은 언제나 적병만 보면 더욱 용기가 솟구치고 찢어질 듯한 눈은 더욱 커졌지, 노기에 차서 이를 가는 그의 모습은 보기만 해도 든든했거든, 그리고 그는 언제나 자기가 벤 수급(首級)을 모조리 다른 사람에게 주면서 '나는 다음 번에 갖겠다.' 고 하고서는 또 그 다음에도 마찬가지로 남에게 주곤 했지, 생각하면 오늘의 내 지위가 모두 정 장군의 덕분이야."

왜적은 얼마 후 성주(星州)와 개령(開寧)을 연이어 함락시키고 김천으로 진출하였다. 조경은 5월 추풍역(秋風驛)에서 이들 왜군과 싸웠으나, 패배하고 도망하다가 사로잡히고 말았다. 이때 정기룡은 단기로 적진으로 뛰어 들어 왜병을 배어 죽이고 조경을 구출하여 한쪽 겨드랑이에 끼고 돌아오니, 왜군은 이를 바라보고 흩어져 버렸다.

정기룡은 담력(膽力)과 용력(勇力)이 뛰어나고 눈빛이 횃불처럼 빛났다. 그가 적진에 뛰어들어 적을 무찌를 때에는 마치 평지를 달리는 것 같았으며, 왜병이 조총을 빗발처럼 쏘아도 그를 명중시키지 못하였다. 그의 말은 신마(神馬)로서 여섯 길이나 되는 참호를 능히 뛰어 넘고, 가파른 절벽이나 위험한 언덕길도 비호처럼 달려, 날쌘 매가 하늘을 나는 듯 하였다.

이렇게 용감하면서도 자기의 공을 나타내려고 하지 않고 오직 국가의 위기를 단신으로 막으려는 정기룡의 힘과 용맹과 지략도 보람

없이 워낙 중과부적(衆寡不敵)인 싸움인지라 1592년 5월에 왜군은 기어이 서울에 쳐들어왔고 6월에는 평양까지 점령하고 말았다.

주장(主將)인 조경이 부상을 입어 산중 절에 눕게 되었으므로 그는 조경과 이별하고 고향으로 어머니를 뵈오러 갔다. 5년 동안 뵙지 못한 어머니를 찾아 지리산(智異山)으로 들어갔다. 평소에 어머니를 모셨을 때에 전란이 있으면 지리산으로 피하라고 여쭈었기에 계신 곳을 쉽게 찾아낼 수 있었다. 부인 강씨(姜氏)는 전란 이후 그의 안부를 알지 못하여 식음을 거의 폐하다시피 했기 때문에 병상에서 신음하고 있었다.

어머니와 부인을 안전한 곳으로 피하게 한 다음 국가위난을 생각하니 한시가 바쁘게 군진(軍陣)으로 돌아가고 싶었다.

4. 상주성 탈환

1) 마상재(馬上才)와 용화동 동민(洞民) 구출

정기룡은 그가 태어났고 잔뼈가 굵은 고향땅 곤양(昆陽)으로 달려갔다. 군수(郡守) 이광악이 반겨 맞으며 정기룡을 수성장(守城將)으로 임명하였다. 9월에는 유병별장(游兵別將)이 되어 진주(晉州)로 불리어 들어갔다. 평소에 정기룡의 무공(武功)을 익히 들은 바 있는 학봉(鶴峰) 김성일이 경상감사(慶尙監司)가 되자 그를 상주가판관(尙州假判官)으로 천거하였다.

사령(辭令)[11]을 받은 그는 밤낮을 가리지 않고 말을 달려 갔다. 그는 갑장산(甲長山) 영수암(永修庵)에서 관병(官兵)과 의병(義兵)을 불

---

11) 관직을 임면(任免)할 때 교부하는 문서.

러 모았다. 정기룡이 상주 지경에 이르자 왜병이 용화동으로 쳐들어 갔다는 정보를 접했다. 이때 상주는 왜장 모리(毛利輝元)의 부대가 주둔하던 곳으로 왜군의 진지가 곳곳에 있었으며 백성들의 피해가 이루 말할 수 없었다.

상주 사람으로 봉교(奉教)를 지낸 바 있는 정경세(鄭經世) 등이 군사를 모집하여 싸우다가 패했으며, 전(前) 봉사(奉事)인 윤림(尹臨)은 선비인 정벌(鄭橃)과 그 아우 정월(鄭樾) 등과 더불어 싸우다가 전사하였다. 그러자 상주목사 김해(金澥)는 고을 백성들을 데리고 고을 서쪽의 용화동(龍華洞)에 들어가 지금까지 피난살이를 계속하고 있었다. 주민들도 그곳이 지형이 험하다는 것을 믿고 그곳에 모여 몸을 의지하고 있었다.

정기룡이 급히 말을 타고 달려갔을 때에는 이미 왜적들이 용화동 어귀에 들어가고 있었다. 무참한 왜병의 살육(殺戮)을 눈 앞에 둔 동민(洞民)들은 모두 부모처자끼리 서로 부퉁켜 안고 통곡만 할 뿐 어찌할 바를 모르고 있었다.

이 참상(慘狀)을 바라본 정기룡은 단숨에 적병을 무찔러 버리고 싶었으나 그들이 사방으로 흩어 지면서 행여 백성들을 상하게 할까봐 걱정이 되었다.

정기룡은 '적을 급하게 몰아치면 우리 백성이 상할 것이다' 판단하고 왜병이 바라볼 수 있는 곳에 말을 세워 놓고 휘파람을 불어 적병의 주의를 끌게 하였다. 그는 말등 위에 눕기도 하고 서기도 하며, 보이지 않는 곳으로 숨기도 하고 문득 내달아 적병 가까이 다가가기도 했다. 마상재(馬上才)이다. 정기룡은 마상재 동작으로 왜병의 호기심을 자극해 유인한 것이다.

그 노는 것이 하도 신기하므로 적병들은 슬그머니 그를 사로잡아

볼 욕심이 생겼다. 한 왜병이 따라나서고 또 한 사람이 쫓고, 서로 앞을 다투어 그를 쫓기 시작했다. 쫓기는 그는 잡힐 듯 말 듯 왜병을 꾀어내어 넓 찍한 들판까지 이르렀다. 이렇게 동구(洞口) 밖으로 꾀어낸 뒤에야 칼을 뽑아들고 닥치는 대로 적을 몰아쳐서 섬멸하였다. 덕분에 동중(洞中)에 있던 주민들은 털끝만큼도 다치지 않았다.

  싸움이 끝난뒤, 정기룡은 용화동으로 들어가 상주목사 김해를 찾았다. 상주 목사 김해도 기꺼이 정기룡을 맞아들여 치하하고 선조에게 그의 전적을 빠짐없이 보고하였다. 당시의 모든 주민들은 "정 장군이 만약에 반나절만 늦게 왔던들 상주 백성은 씨도 남지 않을 뻔했다." 고 칭찬하였다 하며, 오늘의 상주 유민(遺民)들도 그의 은혜를 길이 잊지 않고 있다 한다. 이리하여 정기룡이 상주에 나타났다는 소문이 적진에 퍼졌다.

2) 화공법으로 상주성 탈환

  한번은 중모(中牟)에서 화령(化寧)으로 도망가는 적병을 돌을 쌓아놓고 기다리다가 모조리 돌에 치어 죽게 하여 3백여개의 머리를 베어 순영(巡營)으로 보낸 일도 있었다. 이것이 유명한 그의 석공법(石

攻法)이다. 정기룡에 의해 적병 3백여명이 죽음을 당하게 되자, 적병은 겁을 먹고 모두 성 안에 들어가 함부로 성 밖에 나오지 못하였으며, 이렇게 하여 그 일대의 주민들이 마음 놓고 도로를 통행할 수 있게 되었다.

정기룡은 상주목사 김해와 함께 군사를 불러모아 군사 1000여명이 되자 산중에서 상주성(尙州城)을 탈환할 계획을 세웠다. 11월 23일을 기하여 정기룡은 화공법(火攻法)으로 상주성을 탈환하기로 하였다.

오래도록 상주 성중에 갇혀 있던 왜병들은 지칠 대로 지쳐 있었다. 그는 밤마다 북을 울리면서 경계를 엄중하게 하여 마치 적을 습격할 것처럼 하니 적은 놀라서 오래도록 어찌할 바를 몰랐다. 정기룡은 주민 4백여 명을 동원하여 소나무 관솔을 마련하게 하고 밤중에 성 주위에 빙 둘러 긴 나무를 세우고 그 나무에다 소나무 관솔로 만든 횃불을 묶어 놓게 하였다. 그리고 곳곳에 나무를 쌓아놓아 화공(火攻) 준비를 하고는, 남쪽, 서쪽, 북쪽 세 개의 성문 밖에 마른 나뭇가지와 짚을 산더미처럼 쌓고 군사를 배치하였다. 오직 동문(東門)만은 비워 놓고 적군을 한 쪽으로 몰아넣게 하였다. 그리고 동문 밖에는 힘센 군사들과 장정으로 하여금 이곳 저곳에 숨어서 기다리게 하였다. 공격준비가 완료되자 수만의 횃불을 일제히 밝히게 한 다음, 정기룡 자신이 몸소 큰 횃불을 들어 신호를 내리고 적진에 뛰어들어 불을 질렀다. 정기룡은 여러 장수들에게 성의 서쪽, 남쪽, 북쪽의 세문만을 공격하게 하였다. 성의 사방에서 불길이 하늘로 치솟고 왜병들의 막사에는 불이 붙어 성중이 발칵 뒤집혔다. 졸지에 기습을 당한 왜병들이 살 길을 찾아 헤매다가 다행히 동문밖에는 불길도 없고 함성이 들리지 않음을 보고 그리로 쏟아져 나왔다. 기다리고 있던 복병들은 한꺼번에 달려들어 닥치는 대로 왜병을 때려 눕혔다. 시체가 쌓이고 쌓여 달아날 길도 막혀 버릴 지경으로 왜군은 대패(大敗)하고 도망갔다. 이리하여 오랫동안 빼앗겼던 상주성은 정기룡의 신묘한 전술로 탈환할 수 있었던 것이다.

영남의 요충(要衝)인 상주성을 탈환하게 되니 왜병들은 그 근거를 잃고 각지로 흩어져 산발적인 노략질로 겨우 그 명맥을 유지하고 있었다.

적장 모리는 상주에서 대패하고 개령(開寧)으로 도망하여 방어진을 쳤다. 그 뒤 왜군은 함창(咸昌)의 당교에 주둔하였는데, 그들은 유리한 지형을 확보하였을 뿐만 아니라 병력도 매우 많았다. 함창은 북으로 조령(鳥嶺)으로 이어지고, 남으로는 경상 좌우도의 인후(咽喉 : 목구멍)를 누르는 형세를 하고 있는 요지였다.

이때 경상도 좌감사 한효순(韓孝純)과 병사 박진(朴晋) 등은 군사들을 안동(安東)에 집결시켜 놓고 수 개월 동안 적을 공격할 기회를 노리고 있다가, 좌도의 의병(義兵)들로 하여금 왜군을 공격하게 하였으나, 이들은 접전이 시작되자 마자 크게 패하고 말았다. 이에 함창 출신의 의병장 이봉(李逢) 등이 상주의 의병장 정경세(鄭經世) 등과 함께 협력하여 왜군을 공격하였으나, 그 역시 성공을 거두지 못하였다. 그러자 그들은 정기룡에게 지원을 요청하였다. 정기룡은 그 요청에 응하여 곧 군사를 출동시켜 적을 크게 격파하니, 왜병은 대승산(大乘山)으로 들어가 숨었다. 정기룡은 왜병을 끝까지 추격하여 거의 섬멸시켰다.

정기룡은 건장한 장수 수십명을 인근 고을의 요지에 배치하여 왜병이 나타나는 대로 그들을 기습하였다. 그들은 한번 움직이면 수십, 수백 명씩 왜병을 죽이는 전과를 거두었다. 따라서 왜병은 상주 부근으로는 가까이 접근하지 못하였으며, 피란민들이 고을로 다시 돌아와 거주하게 되었다.

이처럼 그가 상주 가판관(尙州假判官)으로 부임한 이후 영남 일대는 비로소 평화가 깃들기 시작하였고 백성들이 마음놓고 나다니게 되었다.[12] 임진왜란이 일어나고부터 9개월만의 일이었다.

3) 감사군(敢死軍) 대장

왜군이 그의 위력에 눌려 꼼짝하지 못했지만 그러나 잇닿은 흉년으로 거리에는 굶주려 죽은 시체가 길을 메울 지경이었다. 간혹 왜군의 진영을 습격하여 얻어온 물품을 팔아서 양곡으로 바꾸어서 나누어 주었지만 주린 백성을 골고루 배불릴 도리는 없었다.

그런대로 정기룡은 둔전(屯田)[13]을 두어 농사를 권장하고 무너진 방축을 다시 쌓아 수리(水利) 사업도 착수 하였다. 군량을 풀어서 씨를 뿌리게 함으로써 주민들로 하여금 생업에 전심하도록 적극 지도하였다. 원근에 흩어졌던 백성들이 상주로 몰려 들었으며 이러한 정기룡의 조치로 구제를 받은 자가 아주 많았다.

정기룡이 용맹스럽고 건장한 자를 모집하니 목숨을 던져 싸울 것을 각오하는 청년들이 많이 몰려 들었다. 그러는 사이에 해가 바뀌고 반년이 지났다. 1593년 선조 26년 5월말에 아군과 명군(明軍)이 서울을 탈환하였고, 정부는 그를 정식으로 상주 판관(尙州判官)으로 임명하고 아울러 진관병마절제도위(鎭兵馬節制都尉), 중훈대부 군자감

---

12) 상주는 정기룡과 떼지 못할 깊은 인연이 얽혀 있다. 그의 사당(祠堂)인 충렬사(忠烈祠)가 남아 있고 그가 말을 달렸다는 치마대(馳馬臺), 그가 용마를 얻었다는 용소(龍沼) 등 유서 깊은 유적과 아울러 풍부한 전설이 남아 있다.
13) 군사가 농사를 짓던 밭

부정(中訓大夫軍資監副正) 등의 벼슬을 주기에 이르렀다.

이때 경상도와 전라도 지방에 토적(土賊)들이 떼를 지어 일어났다. 토적 수천 명이 선현산 꼴짜기에 근거지를 두고 인근 각지에 출몰하면서 약탈을 자행하다가 낙동강 동쪽 지방으로 이동하였다. 이에 경상감사 김륵은 여러 고을의 군사를 정기룡 군에 편입시키고, 정기룡으로 하여금 토적을 토벌하게 하여, 이를 평정하였다. 승지 윤승훈이 남쪽지방의 민정을 살피다가 정기룡이 큰 공을 세웠다는 것을 알고 조정에 보고하였다.

그리하여 10월에는 다시 상주 가목사(假牧使)가 되었다가 11월 30일에 정부는 정식 상주목사로 임명하였다. 또한 평소에 그의 전술 전략이 믿음직하고 그의 인격을 흠모하는 군졸들이 많아 죽음을 아끼지 않았기 때문에 특히 그가 지휘하는 군대를 감사군(敢死軍)[14]이라 하고 그에게 감사군 대장이라는 이름을 정부에서 붙여 주었다. 이후 3년간 그는 상주목사로 있으면서 생산과 교육과 군사에 갖은 힘을 기울였다.

5. 정유재란

1) 1597년 8월, 지략과 기예의 승리 용담천 전투

명군(明軍)의 응원을 얻어 아군이 서울을 탈환하고 지방의 의병(義兵)들이 곳곳에서 왜군을 무찌르게 되자 그들 패잔병은 각지에 흩어져서 행패를 부릴 뿐이었다. 그러나 대륙침략의 야욕을 버리지 못한

---

14) 죽기를 두려워하지 않는 군대.

도요또미(豊臣秀吉)는 1597년(선조30년) 다시 14만의 대군을 보내어 재침입하기 시작하였다. 그때까지도 상주 목사로 있었던 정기룡은 성주(星州), 고령(高靈) 등지에서 한사코 왜병을 막았다. 이때 체찰사(體察使)[15] 이원익이 권율(권慄)과 곽재우(郭再祐)에게 장수 재목을 천거하게 하니, 그들은 정기룡을 추천하였다. 이에 이원익은 글을 보내어 그를 불러 토왜대장(討倭大將)으로 삼고, 28군(郡)의 군사를 그의 휘하에 예속시켜 왜군을 치게 하였다.

도원수 권율, 방어사 곽재우 등이 한자리에 모여 왜군을 물리칠 계략을 의논하게 되었다. 이 자리에 모였던 모든 장수들은 오직 정기룡의 분전에만 의지한다고 입을 모아 말하였다. 정기룡은 더욱 무거운 책임감을 느끼지 않을 수 없었다.

8월 한가위를 앞둔 달빛 아래 정기룡의 얼굴에는 승산에 가득찬 미소가 떠올랐다. 28명의 부하 군관을 모아놓고 내일의 전략을 일일이 지시했다. 새벽을 기다려 이희춘, 황치원을 척후장(斥侯將)으로 뽑아 먼저 왜군을 치게 했다. 그 다음날 새벽 정기룡은 전군을 이끌고 진군하였다. 왜군도 병력 수 만명을 동원하여 용담천(龍澹川) 주변에 진을 치고 맞섰다. 정기룡군과 왜군은 용담천을 사이에 두고 일진일퇴를 거듭하며 맞섰다. 정기룡은 강물을 사이에 두고는 진퇴가 불리할 것으로 판단하고 적군을 강 건너 이쪽으로 꾀어내기로 작정하였다. 안동 능정군(安東稜挺軍)으로 하여금 중로에 복병(伏兵)하게 하고 정기룡의 군사는 거짓 패전한 것처럼 후퇴를 시작했다.

이동현(李同峴) 아랫벌판에 이르자 왜병이 벌때처럼 뒤쫓아왔다. 꼭 싸우기 좋을 만한 곳에 이르러 정기룡은 말머리를 돌려 적병을 맞

---

15) 지방에 군란(軍亂)이 있을 때 왕을 대신하여 그 지방에 나아가 일반 군무를 총괄하던 군직으로 임시벼슬임, 재상이 겸임함.

이했다. 정기룡은 군사들에게 북을 울리게 하고는 큰칼을 휘두르며 적진으로 뛰어 들었다. 그러자 흰 말에 붉은 옷을 입은 적장(敵將)이 긴 칼을 빼어들고 나는 듯이 정기룡을 향하여 달려 들었다. 그의 칼 끝과 마주쳐 잠시 동안 불꽃이 일더니 어느덧 적장이 긴칼을 손에 쥔 채 정기룡의 겨드랑 아래 꼼짝도 못하고 매달려 있었다. 정기룡은 말 위에서 적장을 사로잡아 아군의 깃대위에 이 적장을 꽁꽁 묶어 높이 달아올렸다. 본시 이 적장은 왜군 중에서도 가장 용감한 자로 모든 왜적들이 그를 믿고 싸웠으나 그가 사로잡힌 것을 보자 모두 넋을 잃고 겁을 먹어 버렸다.

이 틈을 타서 사기가 충천해진 정기룡의 군사들이 모두 힘을 뽐내며 적진을 들이쳤으며, 복병들도 또한 뛰어나와 협공을 가하였다. 이 때 복병은 모두 붉은 옷에 붉은 모자를 쓰고 있었는데, 이들이 사기를 잃은 적진으로 돌진하여 적병을 베어 넘기니, 왜적의 대오가 순식간에 혼란으로 빠졌다. 정기룡 군사들은 북을 요란스레 울리며 적을 무찔러 들어갔다. 앞뒤에서 협공을 당한 적병은 살 길을 찾아 해매었으나 가는 곳마다 복병들이 일어나 길을 가로 막았다. 힘을 얻은 아군은 모두가 일당백이었다. 닥치는 대로 적병을 무찔러 순식간에 수만을 헤아리던 적군이 완전히 궤멸되고 말았다. 이 전투에서 살아 돌아간 적병의 수는 천명도 되지 않았다.

전투가 끝나서 수급을 모아 보니 큰 집채만한 더미가 여섯이 넘었다. 정기룡은 그 많은 수급을 모두 본영(本營)으로 보낼 수가 없으므로 왼쪽 귀 하나씩만을 베어 체찰사 군영으로 보내었다. 그리고 사로잡은 적장도 다른 투항자들과 같이 본영으로 보냈다. 체찰사 이원익은 이 보고를 받고 크게 기뻐하며 "정군(鄭君)은 과연 명장(名將)이다." 라고 말하였다. 이로 말미암아 성주(星州), 고령(高靈)을 비롯한 인근 다섯 고을에 주둔하였던 왜적들은 정기룡 군이라는 말만 들어도 도망하기에 바쁘게 되었다.

이 전투가 시작될 무렵 정기룡은 이동현에 포진하고 있던 충청 병사(忠淸兵使) 이시언(李時言)에게 몇 번이나 응원을 청하였으나 그는 형세만 관망하고 있었다. 그러다가 그는 정기룡이 대승을 거두어 큰 공을 세웠다는 소식을 듣고는 항복한 왜병을 몰래 정기룡군에 보내어 죽은 왜병의 수급을 훔쳐오게 하였다. 이 사실을 안 정기룡은 몸소 그들을 추적하여 모두 베어 죽인다음, 이를 체찰사에게 보고하려 하였다. 그러자 이시언이 급히 그에게 와서 잘못을 사과하였으므로 정기룡은 그 문제를 더 이상 거론하지 않았다.

정기룡은 왜병의 주력을 쳐부순 후 계속하여 성주(星州), 고령(高靈), 합천(陜川), 초계(草溪), 의령(宜寧)에 있던 왜군을 완전히 몰아내었다. 8월 17일 정기룡은 군사를 이끌고 고령(高靈)으로 들어가서 활쏘기 대회를 열고 모든 군사를 포함한 지방민들에게 성대한 잔치를 베풀었다. 인근의 주민들이 구름처럼 몰려와서 많은 군사들과 함께 어울려 정기룡의 은덕을 칭송하며 밤새도록 노래와 춤으로 즐겼다.

한편 경상 우병사(慶尙右兵使) 김응서(金應瑞)가 패전의 책임을 지고 논죄(論罪) 중이었으므로 체찰사 이원익은 그의 직권으로 정기룡을 경상 우병사로 임명하고 조정의 사령을 기다리게 하였다. 창원 본영이 왜군에게 점령당하고 있었기 때문에 정기룡은 성주를 임시 본영으로 삼고 병사의 직무를 수행하기 시작했다. 잠시 한가한 틈을 타서 어머님을 상주로 모셔와 가까이 있게 하기도 하였다.

2) 1597년 9월, 담력으로 가또오(加藤淸正) 군을 멈춰 세우다

황간(黃澗)과 영동(永東)사이에 아직도 왜병이 많이 머물고 있다는 정보가 들어왔다. 그는 즉시로 군사를 발하여 원정을 나갔다. 영동에 이르니 왜병은 이미 대부분 도망쳐 버려서 남은 3백여 명을 섬멸시키고 말았다. 그는 이어 보은(報恩) 지경에 적군이 닷새 동안이나 머물고 있다는 정보를 얻었다. 새벽에 척후장 이희춘을 시켜 탐지케 하였더니 때마침 안개가 끼어 지척을 분간할 수는 없었으나 다만 군마 소리와 달구지 소리가 하늘을 진동하였다.

적장 가또오(加藤淸正)가 호남을 거쳐 서울로 올라가다가 직산(稷山) 싸움에서 패배하여 남하하고 있는 중이었던 것이다. 안개가 걷히고 보니 적병의 행군(行軍)이 들을 메워 끝이 없었다. 정기룡은 홀로 침착하게 3, 4백보 앞으로 나아가 수십 개의 화살을 쏘아 보내니 화살마다 어김없이 적병을 맞혀 거꾸러뜨렸다. 적군이 행군을 멈추고 이쪽을 바로보니 정기룡이 꿈쩍 않고 혼자서 버티고 서 있는 것이 아닌가. 그리고 장군의 뒤에는 대오를 정제(整濟)한[16] 병사들이 또한 태연하게 버티어 움직일 기색조차 보이지 않고 대치하고 있었다.

이 광경을 본 가또오(加藤淸正) 군은 그들 앞을 막아선 조선군의 대비태세가 견고한 것으로 알고 함부로 군사를 움직이지 못하였다. 이러한 지연전술로 인하여 가토오군을 이틀 동안을 감히 움직이지 못하게 하였다. 그 동안 정기룡은 상주로 말잘타는 군사들을 보내어 모든 주민을 피난하게 하였다. 본시 그의 덕망을 흠모하여 수십만의 피난민이 상주로 몰려와 있었기 때문에 왜군의 피해를 미리 막기 위해서 시간적인 여유를 얻으려고 그같이 버티고 있었던 것이다. 이때 가

---

16) 바로잡아 가지런히 함.

또오 군은 수만명을 헤아렸고 그가 거느린 군사는 겨우 4백 명에 불과하였다 하니 그의 담대함을 가히 짐작할 수 있다. 상주 주민들이 다 피난하자 그는 밤중에 부하를 이끌고 살그머니 후퇴하여 무사히 본영으로 돌아오고, 왜군은 텅빈 상주를 거쳐 울산(蔚山)으로 들어갔다.

3) 절충장군(折衝將軍)[17] 정기룡의 활략

이윽고 9월 조정으로부터 절충장군(折衝將軍) 경상우도 병마절도사의 직첩을 받고 더욱 진충보국할 것을 굳게 맹세하였다. 그리고 조정에 장계(狀啓)를 올려 피폐한 군영의 군기(軍紀)를 정제(整濟)할 것을 간곡히 청하기도 하였다.

정기룡이 자리잡은 영남 일대는 이제 왜군이 얼씬도 못하여 다소 마음이 놓였으나 호남 지방에 창궐하는 왜군을 무찌르지 못하는 것이 매양 마음에 걸렸다. 때마침 남원(南原) 지방의 적병이 진주(晉州)의 적병과 서로 통하며 함양(咸陽)을 경유하고 있다는 것을 알게 되었다. 정기룡이 함양에서 적병을 맞아 이들을 무찌르려고 합천(陜川)에 이르렀을 때에 군량미(軍糧米)가 달렸다. 순영(巡營)에 쌓여 있는 4백 석의 군량미를 합천 군수 오운(吳澐)에게 내놓도록 청하였다. 그러나 오운은 상사(上司)[18]에 속하는 물품을 함부로 손댈 수 없다고 굳이 거절하였다.

정기룡은 노기가 충천하여 당장에 오운을 잡아매고 곤장(棍杖)으로 다스렸다. 매를 맞는 오운은 옛날 상관을 이러는 법이 있느냐고 대들었다. 그전에 정기룡이 상주 판관으로 있을 때 오운은 상주 목사

---

17) 조선 시대, 정삼품(正三品) 당상관(堂上官)의 무관 품계.
18) 상급의 관청.

였다. 그러나 정기룡은 군무가 위급한 때에 사정을 둘 수 없을 뿐더러 국법을 어길 수 없노라고 호령하였다. 그리고 "네 죄를 헤아리면 마땅히 목을 벨 것이로되 곤장으로 그치니, 다시는 버릇없이 굴지 마라."고 하며 놓아 주었다.

이리하여 군량을 담뿍 얻은 그의 군대가 가는 곳이면 왜병은 맥을 못쓰고 도망칠 뿐이었다. 안음(安陰)에서 거창(居昌)으로, 다시 함양(咸陽)으로, 그리고 왜군의 대병이 머물고 있는 진주(晋州) 가까이까지 쳐들어갔으나 워낙 중과부적한 처지인지라 진주에는 감히 손을 쓰지 못하고 돌아오지 않을 수 없었다. 이때 왜병은 남해안 천리 지경에 삼대로 나뉘어 웅거하고 있었다. 동(東)으로는 울산(蔚山)에, 서(西)로는 순천(順天)에, 그리고 중간인 사천(泗川)에 각각 일대씩 자리 잡고 서로 응하여 재기를 꿈꾸고 있었다.

이러한 정세하에서 11월에는 명나라의 양경리(楊經理)를 수반으로 하는 이여송(李如松) 등 일곱 장군이 합세하여 남쪽으로 내려왔다. 그리고 도원수(都元帥) 권율 장군과 영상(領相) 유성룡(柳成龍)이 또한 명나라 장수들과 같이 내려왔다. 12월 2일 경주(慶州) 탈환전이 벌어졌다. 좌병사 성윤문(成允文), 의병장 권응수(權應洙), 부윤 박의장(朴毅長) 및 함경, 강원의 도병(道兵)들이 좌영(左營)으로 진을 쳤다. 충청 병사 이시언(李時言)과 평안도병은 중영(中營)이 되고, 정기룡과 고언백(高彦伯)이 우영(右營)으로 배치되었다. 약하다고 소문난 명군(明軍)을 공격하다가 정기룡에게 협공을 당한 왜군은 드디어 경주성을 버리고 울산으로 도망쳐 버렸다.

정기룡은 다시 울산으로 적병을 뒤쫓았다. 22일 새벽 그는 유격대를 이끌고 울산성을 공략하였다. 치열한 그의 공격을 막다 못한 왜병들은 드디어 울산성을 버리고 가또오의 본거지인 도산(島山)으로 철수하지 않으면 안되었다.

　이같이 정기룡이 왜병의 주력을 도산으로 몰아넣자 명나라 양경리가 힘을 얻어 몸소 군사를 이끌고 도산 공격을 시도하기에 이르렀다. 아군이 도산을 포위한 지 10일이 지나자 왜군은 군량이 달려 주림을 참지 못하여 거짓 항복을 제의하고 사천(泗川)으로 밀사를 보내어 응원을 청하였다.

　가또오의 항서를 기다리고 있던 양경리는 졸지에 나타난 사천(泗川)의 응원병을 보고 모든 군기와 군량을 버리고 본진으로 도망쳐 달아나고 말았다. 그런 줄도 모르는 정기룡 군(軍)은 이미 선봉으로 적진 깊숙이 들어가 있다가 응원군에게 완전히 포위당하고 말았다.

　정기룡이 진두에 나서서 말을 몰면서 칼을 휘두르니, 적진의 중간은 칼로 벤 듯이 좌우로 열렸다. 산과 들에 가득찬 적군을 본 정기룡은 흩어진 군사를 수습하여 그 돌파구를 헤쳐 나갔는데, 왜병이 감히 그에게 가까이 달려들지 못하였다. 그의 말머리가 가는 곳마다 적군은 길을 트지 않을 수 없었다. 이를 보고 있던 왜장(倭將)들도 그 용맹을 칭찬하면서 평소에 듣기만 하고 있던 정기룡을 더욱 두렵게 생각했다. 덕분에 아군은 무사히 경주로 후퇴할 수 있었다.

　정기룡이 근 석 달 동안 경상우도를 비우고 좌도에 와 있는 동안 다시 우도가 어지러워지기 시작했다. 이를 본 유성룡이 걱정하여 정부로 연락하고 정기룡으로 하여금 다시 우도를 지키게 하였다. 1598년 1월 정기룡은 우도로 회군(回軍)하면서 이미 상주 지방을 점령한 왜군을 몰아내기에 바빴다. 거창(居昌)으로, 함양(咸陽)으로, 동(東)에서 무찌르고 서(西)에서 왜군을 몰아내는 데에 쉴 겨를이 없었다.

　함양의 사근역(沙斤驛)에서 명나라 부총병(副總兵) 이영(李寧)과 합세하여 함양에 주둔하고 있는 왜적을 공격하여 300명의 목을 베었다. 그런데 이 전투에서 이영이 왜병의 총탄을 맞고 전사하였다. 이때 7백여명의 명군이 스스로 정기룡의 휘하에 들 것을 원하였다. 이를 본 양경리와 그 밖의 여러 명장(明將)이 황제에게 그 사실을 보고하여 명나라 황제의 명으로 정기룡이 명나라의 부총병(副總兵)의 직함을 받게 되었다.

정기룡은 군사를 이끌고 그 지역을 휩쓸어 많은 적병을 죽였는데, 그 수급은 자기 휘하에 소속된 명나라 군사에게 나누어 주었다. 그 후 명나라 부총병 해생(解生)의 군(軍)은 합천(陜川)에, 정기룡 군(軍)은 삼가(三嘉)에 주둔하게 되었는데, 왜군이 두 고을의 경계지역에 진(陣)을 쳤다. 이에 정기룡 군과 해생 군이 양쪽에서 왜병을 협공하여 크게 격파하고, 왜군에게 사로잡혔던 백성 1백여 명을 구출하였으며, 전리품으로 얻은 수급을 모두 명나라 병사에게 주었다.

왜장 시마즈가 군사 1천여 명으로 산음(山陰)지방을 침범하자, 정기룡은 이들을 맞아 쳐서 격퇴시켰다.

명나라 장수 마귀가 경상좌도(左道)에서 여러 장수들을 이끌고 자체방어에 주력하고 있을 때, 정기룡은 홀로 경상우도(右道)에서 왜군과 싸워야 했으므로 그의 군세는 외롭고 허약 하였다. 날마다 왜군이 침입하는 상황이 급보(急報)[19]되고 있었으나, 감영(監營)에서는 명나라 군사들에게 군량을 공급하느라 정기룡 군에게는 군량조차 제대로 공급해 주지 못하였다. 정기룡은 조정에 이의 시정을 요청하였으나, 뜻을 이루지 못하였다.

이에 정기룡은 거느리고 있던 군사들을 집으로 돌려보내고 결사대 4백여 명만을 유지하게 되었다. 그러나 그는 그 4백 명으로 힘을 다하여 왜군을 잘 막아, 한번도 사기가 위축되지 않고 경상우도 지방에

---

19) 급히 알리는 소식이나 보고.

서 장성처럼 우뚝하게 버티어 내었다. 이리하여 그가 경상우도를 다시 장악한지 넉 달 후에는 곳곳에 창궐하여 날뛰던 왜적이 거의 자취를 감추고 진주 지방에만 주로 주둔(駐屯)하게 되었다.

적장 시마즈(島律義弘)는 사천(泗川)에 오래 주둔해 있었다. 시마즈는 그 휘하 장수 절안도(切安道)로 하여금 진주(晉州)에 주둔하게 하였다. 남해안의 각 요소에 성을 쌓고 웅거하던 왜병들이 혹은 수로, 혹은 육로를 통하여 그 병세를 집결하고 있다는 정보를 시시각각으로 서울로 보고하였다. 정기룡은 진주의 왜군을 공격할 계획을 세웠지만 병력이 적어서 정기룡군 단독으로 적을 공격할 수 없었으므로 성주로 달려가서 명나라 장수 모국기(茅國器)와 노득공(盧得功)에게 합세하여 진주의 왜군을 공격하자고 여러차례 요청하였다. 그러나 명장들은 요리조리 핑계를 대고 양경리(楊經理)의 명령이 있어야 출동한다는 이유로 정기룡의 요청을 거절하였다.

하는 수 없이 그는 자기의 부하만을 이끌고 진주, 사천 근처까지 진공하여 보았으나 왜의 대군을 무찌를 도리가 없었다. 이미 전의를 상실하고 편안하기만 바라는 명장들과 반년 동안을 다투었지만 어쩔 도리가 없었다. 그 참상을 조정에 보고도 해보았으나 요지부동인 명장들을 어찌할 도리가 없었다. 정기룡은 군사를 거느리고 본대로 돌아가며 분을 참지 못하여 칼을 들고 땅을 치며 탄식하였다. 얼마 후 명나라 장수 모국기와 노득공은 왜장 시마즈와 강화(講和)를 모색하였다. 정기룡은 그들에게 왜적이 간사하고 교활하므로 강화가 성립되기 어려울 것임을 역설하였다. 그러자 두 장수는 정기룡에게 화를 내며 간섭하지 말라고 위협하였다.

정기룡은 정색을 하고 말했다. "소장(小將)은 군사 지휘관이므로 마땅히 적과 싸움을 주장해야 하는 것이며, 강화를 하자고 말할 수 없습니다. 더구나 왜적은 우리의 불공대천(不共戴天)의 원수[20]이므로 강화라는 말은 차마 듣고 있을 수가 없습니다." 그러자, 두 장수는 왜장과의 강화 논의를 중지하였다.

　정기룡은 병력이 적고 구원군이 없었으나 단독으로 한 지방의 방어를 담당하면서 날마다 유격전을 전개하여 수천명의 왜병을 죽였다. 그의 부대는 단성(丹城)에까지 진출하였다가 명나라 장수가 글을 보내어 그를 불렀으므로 고령(高靈)으로 돌아가 지켰다.

　왜장 시마즈는 정기룡을 격파하려고 이를 갈았으며, 그 왜군은 정기룡 군을 섬멸하고나서, 명나라 군을 격파한 다음 서울로 진격하려고 하였다.

　왜군이 진주에 군사를 집결시키고 정예병 1천명을 선봉으로 삼아 밤낮으로 강행군하여 고령의 정기룡군을 공격하려 하였다. 저녁 무렵에 왜군이 정기룡군이 주둔한 곳과 30리 떨어진 고령군 지경(地境)[21]에 이르렀다. 정기룡이 이 사실을 알고 방어태세를 가다듬고 왜군을 기다리니 왜병은 정기룡군의 방비가 엄한 것을 알고 가까이 접근하지 못하였다. 그 다음날, 정기룡은 고을 북쪽으로 군사를 출동시켜 왜군에 불의의 기습을 가하여 왜병을 덕산(德山)으로 패퇴시켰다. 정기룡군이 추격을 단행하여 왜군을 몰아치니, 왜병들은 밤을 타서 도망하였다. 그 얼마 후 시마즈의 비장(裨將) 이로사모(里老沙毛)가 정기룡군에 투항하였다. 왜장 시마즈는 용맹과 무술이 여러 왜장들 가운데서 으뜸이었고, 그의 병력은 모두 용맹하기로 이름난 사쓰마주의 군사들이었다.

　이 해 8월에 임진왜란의 총책임자인 도요또미가 죽었다는 소문이

---

20) 한 하늘 아래서는 더불어 살 수 없는 원수.
21) 땅과 땅을 가르는 경계

들리더니 9월에 접어들자 모든 왜군이 철수할 준비에 바빴다. 이에 힘을 얻은 명장들이 겨우 움직이기 시작했다. 시마즈 군이 사천(泗川)의 동양창(東洋倉)에 주둔하고 있을 때 명나라 장수 동일원(董一元)의 군사 3천 명이 정기룡 군을 지원하였다. 정기룡 군과 명군의 연합군이 진주성을 탈환하였다. 정기룡은 4천 명의 군사를 이끌고 시마즈 군을 쳐서 대파시키고 시마즈의 부장(副將)을 베어 죽이고 사천성도 탈환하여 왜군을 죽도로 몰아 넣었다.

10월 연이은 승전에 재미를 본 명장이 이번에는 한사코 말리는 정기룡의 권유를 물리치고 단번에 죽도를 공략하려고 들었다. 그러나 최후의 배수진을 치고 있는 왜병이 끝끝내 항전하는 통에 오히려 아군이 패전의 고배를 마시지 않을 수 없었다. 동일원(董一元)이 정기룡의 말을 듣지 않고 지휘를 잘못하여 사천 전투에서 패하여 휘하의 여러 장수들의 군사가 모두 흩어졌는데, 오직 명나라 총병 조승훈(祖承訓)과 정기룡의 군사만이 온전하게 보존되었다.

이후 명군은 두려움에 앞서 싸울 의사는 없이 강화할 일만 의논하였다. 명군에게 실망한 정기룡은 적군을 토벌하지 않고 있다가 적군이 가버릴 것을 염려했으나, 아닌게 아니라 11월 16일 뒤늦게 왜적이 도망했다는 보고를 받고 1백여명의 기병을 거느리고 달려가 미처 배에 오르지 못한 적병의 수급 50여개를 베는 것으로 원통함을 달래야 했다. 정기룡이 멀리서 바라보니 적선 500여척은 곧장 대마도를 향하여 가고 300여척은 남해현을 향하여 가고 있었다. 이 300여척은 남해에서 충무공의 수군에 고립되어 있는 고니시 군의 퇴로를 뚫기 위해 지원하러 가는 병력이었다.

왜적의 전략을 꿰뚫어 보고 있던 충무공의 예상대로 고니시 군의 퇴로를 뚫기 위해 11월 19일(양력12월 16일) 새벽 4시 왜선 500여척이 남해 노량해협으로 진입하여 공격해 왔다. 200여척의 조·명 연합 수군과 벌어진 이 전투가 정유재란의 마지막 해전인 노량해전이니, 동이 트고 나서까지 4시간 이상 계속된 전투에서 왜선 200여척이 분파되고 150여척이 파손되어 패잔선 150여척이 관음포 쪽으로 퇴각하기 시작했다. 조·명 연합군은 이를 뒤쫓아 왜선 100여척을 나포했으나 이 와중에 충무공 이순신 장군이 총탄에 맞아 쓰러지고 말았다. 이틈을 타고 고시니 군은 부산으로 퇴각하여 시마즈 군과 함께 황망히 쓰시마로 건너가고 말았다.

  7년 동안 정기룡은 60차례의 대소전투에서 항상 적은 병력으로 많은 적을 격파하였으며, 한번도 패한 일이 없었다. 전투 때마다 반드시 그가 선두에 서서 적진으로 쳐들어 갔으며, 비오듯이 퍼붓는 적탄 속을 누비면서도 부상을 입은 적이 한번도 없었다. 또한 소수의 군사로써 많은 적을 무찌르는 유격전 장기가 있었던 그는 50명의 기병으로 수천명의 왜적을 격파한 적도 있었다. 정기룡은 거느린 군사를 잘 다스렸으며 가는 곳마다 사람들을 편하게 해주었으므로 사람들이 모두 그를 존경하였다. 세상에 전해오는 말이 "왜국에서 어린아이의 울음을 그치게 할 때 정기룡의 이름을 불렀다" 한다. 왜인들은 이처럼 그를 무서워 하였던 것이다.

상주 충의사(忠毅祠) - 1974년 경상북도지정기념물 제13호

※ 정기룡 장군은 1617년(광해 9) 삼도수군통제사가 되었으며 1622년 4월 통영 진중에서 병사했다. 시호는 충의(忠毅)이다. 위패는 상주 충렬사(忠烈祠)에 배향 되어 있었으나, 상주시는 호국 선현 유적지 정화사업 계획에 따라 1977년부터 79년까지 옛 사당을 헐고 사당·유물관·내외삼문·기념비·담장·주차장 등을 조성하여 현재의 충의사(忠毅祠)로 이전하여 배향하고 있다.

6. 임진왜란 후

전란이 끝나던 1598년(선조 31년) 12월 12일 선조는 그의 공을 잊지 않고 3대의 선조를 추봉(追封)하고 18일에는 용양위 부호군의 벼슬을 내렸다. 다시 이듬해 정월 14일에는 재차 경상우도 병마절도사를 시켜 전후의 군비를 정제하게 하였다. 1601년(선조 34년) 정월 22일에 가선대부 용양위 부호군으로 재임케 하고 3월 21일에 경상우도 방어사로 옮겨 앉혔다. 1602년(선조 35년) 윤 2월 16일에 김해 도호부사로, 다시 1604년(선조 37년)에는 밀양 도호부사로 옮겨졌다.

1605년(선조 38년) 4월 16일에는 임란 공신을 기념하는 선무공신(宣武功臣) 1등 제5위에 기록되었고, 9월에는 오위도부 도총관을 겸직하게 하였다. 이처럼 선조는 그의 공을 잊지 않고 지방과 중앙의 군무(軍務)를 오로지 그에게 일임하다시피 맡겼다. 선조가 승하한 뒤

하동 경충사(景忠祠) - 1991년 경상남도 문화재자료 제188호

※ 경충사는 장군의 충의를 이어가고자 영남지방 선비와 후손들이 1931년 모충계를 결성하여 1932년에 건립한 사당이다. 일제 시기 일본의 방해와 협박으로 사당 관리에 곤란을 겪기도 하였으며, 1989년 하동 경충사 기념관이 준공됨에 따라 그동안 정씨 문중에서 보관해 오던 정기룡 장군의 유품 3점(교서(敎書), 장검, 유서(諭書))을 옮겨 보관·전시하고 있다.

인 1617년(광해군 9년)에 이르러 정기룡은 충무공 이순신이 맡았던 삼도통제사와 경상우도 수군절도사의 직을 아울러 맡기도 하였다.

1622년(광해군 14년) 2월 28일 61세를 일기로 그는 임소인 통영(統營)에서 세상을 떠났다. 그의 부음이 전해지자 심산궁곡에 있던 모든 사민(士民)들까지 달려와 통곡하여 마지 않았고 조정에서도 조회를 파하고 그의 죽음을 애도하였다.

뒤에 우암 송시열은 1700년(숙종 26년)에 정기룡의 신도비명(神道碑銘)을 지어 그의 빛나는 공적을 길이 칭송하였으며, 1746년 간행된 『매헌실기(梅軒實記)』에 실려 전한다.

그의 고향인 경남 하동과 그의 위업이 뿌리 깊이 박혀 있고 또한 그의 유해가 묻힌 경북 상주에는 그가 남긴 풍부한 일화들이 아직도 남아 있다. 우리가 앞에서 보아온 바와 같이 대소간 백여 회의 전투에서 그는 일찍이 진 일이 없다고 한다. 그의 이와 같은 용맹과 지략이 그로 하여금 상승(常勝)의 장군으로 만든 것임에 틀림 없다.

그러나 그의 이면에는 그가 타고 다니던 말(馬)이 워낙 명마여서 그의 공은 반은 그 명마의 덕분이라 한다. 험하고 가파른 산길도 깊은 물도 정기룡과 더불어 뛰었다. 높은 성벽을 맨 먼저 뛰어넘어 다른 말에게 힘을 주었고, 왜병의 총탄이 빗발처럼 쏟아지는 위험한 곳에 서슴지 않고 뛰어들기도 하였다. 그래서 후세에 전하는 기록에는 꼭 그의 용마 이야기가 오르내리곤 한다.

제 2 편

정기룡 장군의 무예 실력과 조선의 무과 제도

1. 정기룡 장군의 무예 실력을 알 수 있는 방법

　정기룡 장군의 임란초기 기록 중 눈길을 끄는 것은 초급무관으로 항상 선봉에서 말을 달려 칼을 쓰거나 활을 쏘아 왜군을 물리치는 대목이다. 그러한 정기룡의 전투 기록은 상상력으로 지어내 소설이 아니고 역사의 실제 기록이기 때문에, 그의 무예실력과 분명한 연관성을 갖고 있다고 봐야 한다. 왜냐하면 무예실력 없이 왜군에 대한 분노와 용맹성만 갖고 이같은 전투수행 자체가 불가능하기 때문이다. 그러므로 그는 어린시절부터 상당기간 무예수련이라는 훈련과정을 거쳤음이 틀림이 없다.
　그렇다면 정기룡 장군의 무예 실력은 어느 정도 수준일까?
　그러나 문제는 그의 무예 수련과정과 실력에 관한 직접적인 기록이 없다는 점이다. 그러면 조선시대 무인의 교육과정을 통해 무과에 급제한 무인들의 무예실력을 가늠할 수 있을까?
　문인은 대체로 7, 8세 이전에 각지에 무수히 사설(私設)된 서당(書堂)에 들어가 한문(漢文)의 초보와 습자를 배우고, 또 15, 6세 이전에 중앙(中央)은 사학(四學), 지방은 향교(鄕校)에 들어가 학업을 닦았으며 그 뒤 수년내에 과거의 소과(小科)에 응시하는 것이다. 소과에 합격이 되면 생원(生員), 진사(進士)의 칭호를 받고, 성균관(成均館)에 들어가는 자격을 얻는다. 문인의 경우 대체적으로 이러한 과정을 거쳐 과거(科擧)에 응시를 하는 것이 보편적인 경로이다. 그렇기 때문에 이러한 교육의 과정만으로도 문인의 경우 그 학문의 수준을 알 수 있다.

그러나 무인의 경우는 정규 교육기관이 존재하지 않았기 때문에 정기룡이 어린시절부터 무예훈련을 과연 했는지조차 알 수 없다.

그러면 그의 무예실력을 알아볼 수 있는 방법은 없는가?

그의 기록을 통해서 알 수 있는 것은 오로지 18세에 향시(鄕試)에 합격하고 25세에 별시무과(別試武科)에 합격했다는 사실 뿐이다. 이 외에 임진왜란 전까지의 구체적 공훈 기록 자료도 없을 뿐 아니라, 그가 정식 무관이 되기 전까지 특별한 공훈을 세울 수 있는 조건도 아니었다.

그렇기 때문에 향시와 별시무과의 합격을 근거로 당시의 과거제도를 통해서 알아 보는 방법밖에 없다. 즉, 정기룡의 무예실력을 알 수 있는 방법은 별시무과에 급제하기 위해서 어느 정도의 무예실력을 갖추어야 하는가 뿐이다. 그러므로 무과제도를 살펴 보고 이를 통해 급제자의 무예 수준을 가늠하여 간접적으로나마 정기룡의 무예실력을 평가할 수 밖에 방법이 없다.

2. 무과제도와 정기룡 장군의 무예실력

조선시대 과거(科擧)는 문과와 무과, 생원, 진사시, 잡과 등이 있었다. 과거는 3년에 한번씩 정기적으로 시험을 보는데 이를 식년시라 한다. 무과(武科)는 크게 정기적으로 보는 식년시와 부정기적으로 보는 별시[1]가 있었다. 별시무과는 국가의 대소 경사와 각종 행사가 있을 때 또는 기타의 필요에 따라 임의적으로 과거(科擧)를 실시한 특별시험을 말한다. 이러한 별시무과는 식년무과에 준하여 실시되었기 때문에 시험내용에 있어서는 식년무과와 차이가 없고, 단지 비정기적이라는 점에서만 차이가 있었다. 그러므로 식년시의 무과내용을 알면 별시를 이해할 수 있을 것이다.

1485년에 완성된 조선시대 사회의 기본법 역할을 했던 경국대전을 보면, 식년무과의 시험방법은 초시(初試). 복시(覆試). 전시(殿試)의 삼단계, 즉 과거삼층법[2]을 거치도록 되어 있다.

초시는 훈련원시(訓練院試)와 향시(鄕試)로 구분된다. 훈련원시(訓練院試)는 한양과 경기지방을 대상으로 훈련원에 이름을 등록하고 시험을 보며 70명을 뽑았다. 향시(鄕試)는 각 지방에서 병마절도사[3]가

---

[1] 조선전기 약 200년간(태종-임란전)에 실시된 각종의 별시무과(別試武科)는 증광시(增廣試), 별시(別試), 외방별시(外方別試), 알성시(謁聖試), 중시(重試), 발영시(拔英試), 등준시(登俊試), 진현시(進賢試), 천거별시(薦擧別試), 정시(庭試), 탁영시(擢英試), 관시재(觀試才) 등을 들 수 있다. 정기적으로 3년마다 치루는 식년시(式年試)에서는 문과 33명과 무과 28명 밖에 뽑지 않았기 때문에, 이러한 각종 별시(別試)는 점증하는 무관의 수요와 무인들의 과거진출 욕구를 채우기 위한 내적 필요성과 동시에, 국가의 대소 경사와 각종 행사를 경축하기 위하여 임시적으로 실시하는 특별 과거 시험이었다. 각종 별시의 고시과목은 식년무과에 준하여 실시되었다.

[2] 1차, 2차, 3차 시험에 통과해야 과거에 급제하는 것을 말한다.

[3] 조선에서는 양인 이상이면 누구나 군역(軍役)의 의무가 있었으며, 초기의 국방체계는 중앙군과 지방군으로 나누어져 있었다. 중앙군은 5위(五衛) 조직으로 편성되었고, 지방군은 진관체제(鎭管體制 - 진(鎭)이란 지방의 군영을 가르키고 관(管)이란 관할한다는 뜻이다.)라는 육군과 수군의 통합체제로 편성되었다.
이러한 체제는 임진왜란 시기까지 유지된다. 경국대전을 근거로 경상도 지역의 군사적

차사원(差使員)[4]을 지정하면 이름을 등록하고 시험을 보며, 경상도 30명, 충청도와 전라도가 각각 25명, 강원도, 황해도, 영안도(永安道, 중종 4년에 함경도로 개칭), 평안도가 각각 10명씩을 뽑았다. 이렇게 지역별로 인원이 다른 것은 당시의 인구비례에 의해 편성한 것으로 보이며, 한양과 경기지방을 대상으로 뽑은 훈련원시는 도성 경비를 위해 70명을 뽑은 것으로 판단된다.

　전국에서 식년무과 초시에 합격된 사람은 그 이듬해에 병조에서 실시하는 2차시험인 복시(復試)에 응시하였다. 일명 회시(會試)라고도 하는 복시(復試)는 전국에서 훈련원시(訓鍊院試)와 향시(鄕試)에 합격한 190명이 시험을 보는데 이중에서 28명을 뽑았다.

　3차시험인 전시(殿試)는 임금이 참석하는 가운데 복시 급제자 28명의 등급을 결정하기 위해 보는 시험으로 갑과 3명, 을과 5명, 병과 20명으로 등수를 매겼다.

　이러한 무과제도의 내용을 볼 때 정기룡이 18세 되던 해 (선조 13년 (1580년) 8월) 고성(固城)에서 향시(鄕試)에 급제했다는 기록은 고성(固城)에서 실시한 별시무과의 초시(初試)인 향시합격(鄕試合格)을 말하

통솔체계를 살펴보면 병마절도사(兵馬節度使)의 주진(主鎭)에 병마(兵馬)와 수군(水軍)이 있고, 주진 밑에 거진(巨鎭)이 소속되어 있으며, 거진 밑에 제진(諸鎭)이 소속되어 있다.
직책을 살펴보면 주진(主鎭)에는 종2품 병마절도사 3명(2명은 좌도 우도에 두고 1명은 관찰사가 겸임한다), 정3품 수군절도사 3명(좌도와 우도에 1명씩 두고 1명은 관찰사가 겸임한다), 종3품 병마우후 2명(좌도와 우도), 정4품 수군우후 2명(좌도와 우도), 거진(巨鎭)에는 종4품 병마동첨절제사 20명이 있으며, 제진(諸鎭)에는 종6품 병마절제위 46명이 각각 영일, 기장, 장기, 동래, …, 창령 등의 지역을 관장하였다. 이러한 경상도 지역의 국방체계는 도별로 약간의 차이는 있으나 거의 비슷하게 구성되어 있다. (참고: 경국대전. 전경현, 한국병역제도변천사연구, 병무청, 1989. 육군본부, 조선전기군제사연구, 1968.)

[4] 차사원: 차(差)는 시키다, 파견하다, 심부름하다, 일을 맡다 등의 뜻으로 쓰이는 말인데 흔히 일정한 용무를 맡고 딴곳으로 파견되는 사람을 차사(差使)라 부른다. 차사로 된 사람이 관리신분일 경우에는 원(員)자를 붙인다. 여기에서는 과거의 용무를 맡은 관리로 해석하면 될 것이다.

는 것으로 판단된다.[5]

어찌 되었건 향시가 식년시의 1차시험이고 경상도에서 30명을 뽑았다는 경국대전의 기록을 볼 때 정기룡이 18세에 고성에서 합격한 것은 그의 실력을 알 수 있는 근거가 된다. 1차시험인 향시에 상당히 많은 인원이 몰려 왔을 것이기 때문이다. 조선 말기의 상황이기는 하지만 '순종 정시(庭試)의 초시(初試)는 80명을 선발하는데 시험에 응시한 거자(擧子)가 무려 12000명이었다'[6]는 기록은 향시에 대한 관심과 열기를 고려해 보는 데 도움이 될 것이다.

2차 시험인 복시는 초시에서 합격을 한 사람들 190명이 모여 시험을 보게 하고 28명을 뽑았다. 이들은 1차적으로 지방에서 뽑힌 사람들로서 190명 중 28위 안에 들기 위해서는 무예실력이 당대의 수준급이 아니면 어려웠으리라 평가할 수 있다.

이러한 무과제도를 통하여 무과급제자들의 무예실력을 고려해 볼 때 정기룡은 18세에 경상도에서 30명 안에 들 정도의 무예실력을 갖추었고, 25세에는 전국에서 28위 안에 드는 실력을 갖추었음을 알 수 있다.[7] 그러면 어떤 종류의 무예를 수준급으로 구사하고 있었을까?. 이는 무과의 시험과목을 검토해 보면 알아볼 수 있다.

---

5) 식년무과는 자(子), 묘(卯), 오(午), 유(酉) 년의 3년마다 한번씩 실시하는데 1차시험인 초시(初試)는 식년전 인(寅), 사(巳), 신(申), 해(亥) 년의 가을(주로 9월)에 실시하고, 2차시험인 복시는 식년해 봄(주로 3월)에, 3차인 전시는 복시가 끝난 후 몇일 후에 시행하였다. 그런데 식년무과는 선조 12년 기묘식년(己卯式年)과 선조 15년 임오식년(壬午式年)이 있었다. 그러므로 정기룡이 선조 13년에 본시험은 식년무과 초시가 아니라 별시무과의 초시인 것으로 생각된다. 그렇지 않으면 그의 기록을 정리할 때 시기를 1년 잘못 기록하였을 수도 있다.
6) 조선조 무사체육에 관한 연구 p 105.
7) 정기룡이 25세에 합격한 무과별시는 선조 19년 갑신별시(甲申別試)에 해당된다. 이때 뽑은 인원은 대체적으로 28명 이하로 판단되며(심승구, 국민대박사학위논문, 조선전기 무과제도 연구, p.60.), 그의 초기 직책이 종9품임을 볼 때 병(丙)과에 급제한 것이 아닌가 생각된다. 이 별시에 등과하여 본명 정무수는 선조로부터 '기룡(起龍)'이라는 이름을 하사받고 정기룡이 된다.

3. 무과시험의 내용

정기룡이 활동한 시기를 고려할 때 성종때 완성된 경국대전(1485년)의 무과시험 조항에 근거해서 시험을 보았을 것으로 생각된다.

무과의 초시(初試)와 복시(覆試), 전시(殿試)의 시험과목은 약간씩 차이가 있다. 초시인 향시와 훈련원시는 특별한 경우[8]를 제외하고는 무예만을 위주로 보았다. 주된 내용은 활쏘기와 말타고 활쏘기, 창쓰기 등이다. 조선 후기에 들어서 총쏘기(조총, 鳥銃), 말타고 채찍 휘두르기(혁편추, 革鞭芻)가 시험에 추가되었다.

경국대전에 나와 있는 시험과목을 보면 목전(木箭: 나무화살), 철전(鐵箭), 편전(片箭), 기사(騎射), 기창(騎槍), 격구(擊毬) 6가지이다. 여기에서 목전(木箭), 철전(鐵箭), 편전(片箭)은 활쏘기를 말하는 것이고 기사(騎射), 기창(騎槍)은 말 위에서 활쏘고 창쓰기를 뜻하는 것이다. 그리고 격구(擊毬)는 말을 타고 공채로 공을 공문 안에 넣는 것인데 현대의 아이스하키를 생각하면 이해가 쉬울 것이다.

이러한 무과시험을 통해 평가하고자 한 내용은 무엇이었을까. 우선 목전(木箭), 철전(鐵箭), 편전(片箭)을 통하여 활을 멀리쏘는 능력과 정확하게 목표지점을 맞추는 정확성을 평가했다. 그리고 기사(騎射), 기창(騎槍), 격구(擊毬)를 통하여 일차적으로는 말을 다루는 기술과 말을 타고 활이나 창 등의 무기류를 사용할 수 있는 능력과 자세 그리고 정확성을 평가한 것으로 판단된다.

이와 같이 무과시험의 내용을 검토해 볼 때 정기룡은 18세에 이미 활을 쏘고 말을 다루는 기술과 말을 타고 무기를 다루는 실력이 경

---

8) 신분이 향리(鄕吏)인 경우 초시 전에 무경7서(武經七書)를 시험보아 일정 정도의 성적을 얻은 자에 한해서 무과 초시에 응시하는 것을 허락하였다. 이것은 향리를 양반과 구별하여 과거 응시의 폭을 대폭 제한한 것이다.

상도에서 30명 안에 뽑힐 정도였으며, 이후 25세의 별시무과(別試武科) 급제는 이러한 그의 실력이 전국에서 최상급의 수준에 올라 있었다는 것을 증명하는 것이다. 급제 이후 변방에서의 3년 생활과 초급 무관으로서의 생활을 거친 임진왜란 당시 31살 정기룡의 무예실력은 가히 짐작할 수 있을 것이다. (각 과목별 시험방법은 별표 참조)

〈과목별 점수 규정과 시험 방법〉

과목	내용
목전 (木箭)	목전(木箭)은 대체로 활쏘기에서는 화살 3대를 사용한다. 매번 화살이 목표에 미칠때 마다 7점을 주는데, 목표를 지나면 5보마다 1점을 가산해 주며 50보를 지나면 목표 밖에 떨어졌다 하더라도 점수를 준다. 앞의 목표 좌우 거리는 50보 뒤의 목표 좌우 거리는 70보이며, 앞뒤 목표의 거리는 50보이다. 처음 시험에 화살 1대이상 목표에 도달해야 한다. ■ 목전(木箭)과 철전(鐵箭)을 시험본 이유는 활을 멀리 쏘는 능력을 시험하기 위해서였다. 〈참고〉木箭凡步射用三矢 每一矢及者給七分 過則 每五步加一分 過五十步則 雖標外給分 前標左右相距五十步 後標左右相距七十步 前後標相距五十步 初試一矢以上.. - 經國大典 卷4 兵典 試取條.
철전 (鐵箭)	철전(鐵箭)은 쇠화살을 사용하는데 무게는 6량이다. 매번 화살이 미칠 때마다 7점을 주며 목표를 지나면 5보마다 1점을 가산해 준다.
편전 (片箭)	편전(片箭)은 130보 거리에서 활을 쏘는데 매번 한발을 맞출 때마다 15점을 주며 과녁 한복판을 맞추면 점수를 배로 준다. ■ 편전(片箭)을 시험본 이유는 활을 정확하게 쏘는 능력을 평가하기 위해서였다.

기사 (騎射)	기사(騎射)는 말을 타고 활을 쏘는데 1발을 맞출 때마다 5점을 주는데 4발 4중은 5발 3중에 준하고 4발 3중은 5발 2중에 준한다. 5개 과녁의 거리는 각각 35보이다. 과녁의 직경은 1자(30cm)이며 과녁을 놓은 자리의 높이는 1자 5치(45cm)이다. ■ 기사(騎射)는 말을 타고 빠르게 달리면서 활을 빨리 쏘는 능력과 정확성을 동시에 평가하였다. 〈참고〉 준-점수는 말타고 달리면서 쏠 때 5개 표적에 대하여 모두 쏘아야 하나 천천히 말을 달리면서 쏘아 맞추는 경우에 낮은 점수를 주기 위한 조치이다. 즉 목표만을 정확히 4개 맞추었더라도 5발을 쏘아 4번 맞춘 것과 4발을 쏘아 4번 맞춘 것은 차이가 나므로 4발 4중은 5발 3중한 것과 같은 점수를 준 것이다. 따라서 5발 2중도 4발 3중과 같다. (나영일, 조선조의 무사체육에 관한연구, 서울대박사학위논문,79p.)
기창 (騎槍)	기창(騎槍)은 말을 타고 창을 쓰는데 매번 명중시킬 때마다 5점을 주되 자세를 제대로 갖추어야 한다. 말을 달려나간 후 두손으로 창을 잡고 높이 들었다가 왼쪽 겨드랑이에 끼고 즉시 돌려서 오른쪽 겨드랑이에 끼고서는 첫번째 목표인 허수아비한테로 달려가서 찌른다. 그리고 나서 왼쪽 겨드랑이에 끼고 두번째 목표인 허수아비한테로 달려가서 찌르며 다시 오른쪽 겨드랑이에 끼고 세번째 목표인 허수아비한테로 달려가서 찌른다. 찌르는 동작이 끝나면 몸을 돌이켜 왼쪽을 돌아보면서 창으로 뒤를 가리키고 오른쪽으로도 이와 마찬가지의 동작을 취한 후 창을 끌고 말을 달려 출발지점으로 돌아온다. 세 허수아비의 거리는 각각 25보이다. 창의 길이는 15자 5치(4m 65cm)이다.
격구 (擊毬)	격구(擊毬)는 공을 공문으로 쳐낸 자는 15점을 주고 공문 옆으로 비껴 보낸자는 10점을 주되 규정된 자세를 갖춘자라야 한다. ■ 기사(騎射), 기창(騎槍), 격구(擊毬)는 말을 다루는 기술과 말을 타고 활이나 창 등의 무기류를 사용할 수 있는 능력과 자세 그리고 정확성을 평가한 것이다.

4. 실제 전투에서 구현되는 무예

이러한 정기룡의 무예실력이 실전에 어떻게 발휘되는지 살펴 보기로 한다. 그리고 무과 시험의 과목은 아니지만 실제 전투과정에 쓰인 민간전승 무예의 적용에 대해서도 구체적 사례를 통해 검토해 볼 것이다.

> "정기룡은 수십명의 군사를 거느리고 선두에서 나아가다가 거창(居昌)의 신창(新昌)에서 적의 선봉 500명과 부닥쳤다. 따라온 기병(騎兵)들이 적병을 보더니 모두 무서워 감히 앞장을 서는 사람이 없었다. 정기룡은 칼을 빼어 들고 말을 달려 적진으로 돌입하여 단기(單騎)로 적진의 중앙을 뚫고 들어갔다. 몇 번이고 거듭되는 돌격전에서 적병이 연달아 쓰러졌다. 이를 본 부하들이 용기를 얻어 앞을 다투어 적진으로 몰려 들어갔다. 아군의 휘두르는 칼 앞에 적군의 목이 뎅겅뎅겅 떨어져 나갔다. 정기룡과 군사들은 적을 무찔러 크게 격파하였다."

이 전투 장면은 임진왜란이 일어나자 정기룡이 정부군으로 참가해 처음 싸운 기록이다. 구체적으로는 임진왜란이 일어나 5월 3일 서울이 점령당했으니까 4월의 전투과정에 대한 기록이다.

적진 속을 단기로 뛰어들어가 적의 중앙을 돌파했다는 것은 총을 들고 있는 보병 왜군 500명 속을 뛰어들어가는 것이기 때문에 수십 명을 지휘하는 초급장교로서는 용기와 담력이 전제되어야 하나, 말을 잘 타고 칼을 잘 휘두를 수 있는 실력이 있어야 가능한 일이다. 당대에 28위 안에 들었던 정기룡의 무예실력을 구체적으로 알아볼 수 있는 대목이다.

이러한 초기 전투에서 그의 무예실력이 구체적으로 생생하게 드러나는 것은 단기(單騎)로 적의 중앙을 돌파하는 모습과, 포위망을 탈출하는 과정에 말을 타고 담장을 뛰어넘고, 상수리나무를 휘둘러 포위망을 벗어난 다음, 말위에서 몸을 돌려 활을 쏘는 장면이다. 이 대목에 나온 정기룡의 무예 동작에는 과거시험의 내용인 목전(木箭), 철전(鐵箭), 편전(片箭), 기사(騎射), 기창(騎槍), 격구(擊毬)가 전부 포함되어 있다.

1) 목전(木箭), 철전(鐵箭), 편전(片箭), 기사(騎射)

"쫓아오는 적병을 몸을 돌려 활을 쏘아 10여명을 죽였다."는 목전(木箭), 철전(鐵箭), 편전(片箭), 기사(騎射)와 관련이 있는 것으로 정기룡의 활쏘기 실력을 구체적으로 보여주는 것이다. 이는 말위에서 활을 쏘는 것으로 이러한 정도의 실력을 갖추려면 상당한 정도의 기간이 걸렸을 것으로 보인다.

조선 철종 때 배익환(裵益煥)[9]의 활쏘기 수련과정을 보면,

"익환(益煥)이 나이 20살에 비로서 활쏘기를 배웠는데, 활쏘기를 배우는 날에 과녁을 50걸음 밖에 놓고서 활을 가득 당긴 힘으로 쏘아서 매 15일 뒤에는 한 걸음 뒤로 옮겨서 쏘았는데, 5년을 그렇게 해서 120걸음에 이르렀으며, 15000순을 기약하고 비오고 눈오는 이외에는 매일 80순을 쏘아서 200일에 비로서 마쳤으며, 활을 배운 날부터 과녁을 쏘아서 살이 땅에 떨어지지 아니한 까닭에 과녁이 120걸음 밖으로 옮겼으나 그 재주가 똑같아서 과녁을 맞추는 것이 비

---
9) 배익환은 울산사람으로 경상좌도 병영에 속했으며, 병사(兵使)가 관직을 놓고 돌아갈 때 익환의 뛰어난 재주를 아껴서 조정에 천거하여 경영군관(京營軍官)이 되었고, 무과에 뽑혔다.

록 멀리하나 가까이 하나 같아서 마침내 터럭 하나 차이가 없었다."10) 고 한다.

이와 같이 서서 쏘는 활쏘기 하나를 배우는 데도 수년씩 걸리는데 적이 쫓아오는 상황에서 그것도 말위에서 몸을 돌려 활을 쏘는 것은 상당한 정도의 훈련과정이 있어야 할 수 있는 고난도의 무예라고 볼 수 있다. 이 말위에서 활쏘기는 지금은 그 전통이 사라져 하는 사람이 없기 때문에 숙련이 되려면 어느 정도 기간이 걸리는지 구체적으로 확인할 길은 없다.

2) 기창(騎槍)

적의 포위망을 벗어난 정기룡 일행이 우지현 중턱에서 잠시 쉬고 있는 동안 문득 적기(敵旗)가 길을 가로막았다. 그는 다시 포위망을 뚫을 생각을 했다. 다른 병사들은 죄여오는 포위군을 보고 질려서 어찌 할 바를 몰랐다.

말에 올라탄 정기룡은 칼을 칼집에 꽂아 넣고 길가에 있는 상수리나무를 뽑아 쥐었다. 이럴 때에는 짧은 칼보다는 기다란 몽둥이가 더 좋다고 생각했기 때문이다. 말을 달리며 좌우로 휘두르는 몽둥이 끝에서는 바람이 일면서 닥치는 대로 왜병의 머리가 산산조각이 났다. 그 뒤를 따라 일행은 포위망으로부터 무사히 빠져나올 수 있었다. 위급한 처치에서 빠져나오자 몽둥이를 버리고 쫓아오는 적병을 몸을 돌려 활을 쏘아 10여명을 죽였다. 적병은 더 이상 추격하지 못하였으며, 그를 따르던 병사들도 모두 무사하였다."

---

10) 정명진, 우리활 이야기, 학민사, 1996. pp253-254.

상수리나무를 휘둘러 포위망을 돌파했다는 것은 기창(騎槍)과 상당히 연관성이 있는 것으로 볼 수 있다. 기창(騎槍)의 길이는 4m 65cm이고 무게가 30근이 된다. 30근짜리 긴 기창을 가지고 자유자재로 연습을 하고 숙달을 해야 무과에 합격할 수 있다는 사실을 생각해 볼 때 칼만 차고 나갔을 경우 상수리나무를 들 생각을 하게 되는 것은 당시의 정황과 무예실력으로 볼 때 당연한 판단일 것이다.

이러한 기창이 전투시에 구체적으로 어떻게 쓰였는지 정기룡의 기록에는 더이상 나오지 않지만 임진왜란시 소사평 전투에서 기창부대 쓰임이 잘 나와 인용해 보도록 한다.

"1597년 (선조30년) 9월 5일 조명연합군과 흑전장정(黑田長政, 구로다 나가마사)이 이끄는 왜군이 소사평(素沙坪)에서 일대 전투가 있었다. 이때 왜군을 학익진(鶴翼陣)을 치고 조명연합군은 사형진(蛇形陣)을 쳤다. 사형진의 앞장에 기창대(騎槍隊), 다음에 장창대(長槍隊) 뒤에 죽장창대(竹長槍隊) …"

이처럼 전투에서 서로 전투대형을 만들 때 기창대(騎槍隊)는 맨 앞 선봉에 서서 달려나가 상대 대열을 흐트리는 역할을 하였던 것이다. 기창은 마상에서 하는 것이기 때문에 찌르는 법이 몇가지 되지 않으

나 말을 달리면서 하는 것이기 때문에 정교한 수련이 요구된다.[11]

3) 기창교전(騎槍交戰)

"조경은 5월 추풍역(秋風驛)에서 이들 왜군과 싸웠으나, 패배하고 도망하다가 사로잡히고 말았다. 이때 정기룡은 단기(單騎)로 적진으로 뛰어 들어 왜병을 베어 죽이고 <u>조경을 구출하여 한쪽 겨드랑이에 끼고 돌아오니</u>, 왜군은 이를 바라보고 흩어져 버렸다."

조경을 옆구리에 끼고 칼을 휘두르면서 구출하는 대목인 이러한 모습은 임진왜란 당시 벽제관 전투에서 명나라 장수 이여송이 왜병의 추격을 받아 낙마(落馬)하여 왜병의 포위망에 빠져 거의 죽게 되었을 때 그의 부하 낙상지(駱尙志)가 이여송을 옆구리에 끼고 칼을 휘저으며 포위망을 헤쳐나간 것과 유사한 것으로 전투시 자주 있을 수 있는 일이다. 그런데 그 경우는 말을 안 탄 것이고 정기룡은 말을 타고 옆구리에 낀 것이다.

문제는 여기서 말위에서 어떻게 사람을 옆구리에 끼고 구출하느냐 하는 점이다. 말을 타고 옆구리에 사람을 끼는 일은 말을 타고 활을 잘쏘거나 창을 잘 휘두른다고 되는 문제가 아니기 때문이다. 그리고 평상시에 이러한 훈련이 되어 있지 않으면 결코 쉬운 일이 아니라는 점이다.

경국대전 무과시험 규정에는 자세를 중시한 허수아비 찌르는 기창(騎槍) 이외에 기창교전(騎槍交戰)이 있다. 이는 두사람이 말을 타고 서로 달려오면서 시합을 하는 것으로 실전에 대비한 것이다. 기창교

---

11) 기창의 동작에는 신월상천세(新月上天勢), 좌전일자세(左前一刺勢), 우전일자세(右前一刺勢), 좌후일자세(左後一刺勢), 좌전일자세(左前一刺勢), 우후일자세(右後一刺勢), 농창세(弄槍勢) 등이 있다.

전의 방식에 대해 무예도보통지(武藝圖譜通志)는 다음과 같이 자세히 설명하고 있다.

"두 사람이 말을 타고 나란히 섰다가 갑(甲)이 먼저 말을 몰아 150보에 이르러 말을 되돌리면 을(乙)이 말을 몰아 서로 만나 창을 들어 한번 부딪치고, 각각 오른쪽으로 스쳐지나 오른쪽으로 돌아서 바꾸어 제자리에 이른다. 다시 말을 몰아서 서로 만나 이같이 하기를 세 번하여 갑이 을을 좇아(밀어부쳐) 서로 싸우다가 이기지 못하면 붙잡히거나 혹은 묶이거나 혹은 겨드랑이에 끼이거나 하여 말을 달려 제자리에 돌아온다."

이것을 볼 때 정기룡은 평시에 기창교전(騎槍交戰)을 했음을 알 수 있다. 그러므로 전쟁터에서 조경을 겨드랑이에 끼고 구출할 수 있었던 것은 구체적 무예수련의 결과였다는 사실을 알 수 있겠다.

기창교전의 모습은 용담천 전투에서도 나온다.

"꼭 싸우기 좋을 만한 곳에 이르러 정기룡은 말머리를 돌려 적병을 맞이했다. 정기룡은 군사들에게 북을 울리게 하고는 큰칼을 휘두르며 적진으로 뛰어 들었다. 그러자 흰 말에 붉은 옷을 입은 적장(敵將)이 긴 칼을 빼어들고 나는 듯이 정기룡을 향하여 달려 들었다. 그의 칼끝과 마주쳐 잠시 동안 불꽃이 일더니 어느덧 적장이 긴칼을 손에 쥔채 정기룡의 겨드랑 아래 꼼짝도 못하고 매달려 있었다. 정기룡은 말 위에서 적장을 사로잡아 아군의 깃대위에 이 적장을 꽁꽁 묶어 높이 달아올렸다."

이러한 기창교전도 무과시험에 채택되어 시험보던 시기가 있었다. 태종 13년(1413년) 과거시험에 가창(假槍)으로 2인씩 대결하는 갑을(甲乙)창제를 체택하였다는 기록과, 숙종32년(1706년)에 기창교전법을 했다는 기록이 있다. 그러나 이것은 대결 도중에 크게 다치는 폐단이 있어서 과거시험에 지속적으로 시행되지는 않았지만, 이러한 폐단에도 불구하고 국방을 강화하는 시기에는 기창교전을 실시하지 않았나 생각된다. 이 기창교전이 조선 후기인 숙종 때 과거로 시험본 기록과, 1790년에 완성된 무예도보통지에 실린 것으로 볼 때 군에서는 지속적으로 연습했을 것으로 판단된다.

4) 격구(擊毬)

"정기룡은 말을 타고 높은 담을 뛰어넘기로 했다. 그러나 다른 병사들은 자신이 없다고 두려워하였다.
 그는 첫번째 말이 뛰어넘으면 다음 말들은 따라 넘는 법이라고 설명하고 채찍을 휘둘러 높은 담을 무난히 뛰어넘었다. 다음 말도 다음 말도 다 뒤따라 넘어왔다. 겹겹이 싸인 포위망을 향하여 유성(流

星)처럼 날쌔게 달려들었다. 정기룡의 말머리가 향하는 곳마다 적군은 바람에 나부끼는 갈꽃처럼 흩어졌다."

이는 말(馬)의 특성에 대한 상당한 지식이 있으며 말(馬)을 잘 운용(運用)함을 보여 주는 것이다. 이와 관련된 무과(武科)의 과목으로는 말(馬)위에서 긴채를 들고 공을 굴리고 치는 등 다양한 묘기를 부리는 격구(擊毬)를 들 수 있다. 이러한 격구는 말(馬)위에서 무기를 다루는 능력을 보는 것이 아니라 말(馬)위에서 자세와 동작을 얼마나 잘 하는가를 평가하는 시험이었다.

이러한 격구는 원래 무예(武藝)는 아니나 무인들의 말(馬)위에서 기본기를 훈련하는 수단이었던 만큼 국가에서도 중시하여 무과시험에 포함시켰던 것이다.

격구는 본래 페르시아에서 시작되어 터키로 전해지고 중국 등을 거쳐, 우리나라에는 7세기 중엽에 고구려를 비롯하여 백제 신라 등에 전해진 것으로 기록되어 있다. 이러한 격구는 고려시대에 크게 성행하여 놀이로서 활발하게 전개되었다.

고려시대 "태조 원년에 상주(尙州)의 적수 아자개(阿字盖)가 사람을 보내어 귀순하려 함에 왕이 명령하여 그를 맞이하는 의식의 예행연습을 구정(毬廷)에서 하게 했다"는 기록을 보아, 고려 개국초에 송도 궁전의 일부에 구정(毬廷)이 있었다는 것과 격구가 실시되었음을 알 수 있다.

격구는 말위에서 긴채를 들고 공을 굴리고 차서 공문에 넣는 경기로 지금의 아이스 하키와 비슷한 형태로 볼 수 있는데, 고려 예종(睿宗)때는 여성(女性)들 사이에서도 행해졌다는 기록을 볼 때 지금의 여성 아이스하키와 같은 형태로 될만큼 대중화 되었음을 알 수 있다.

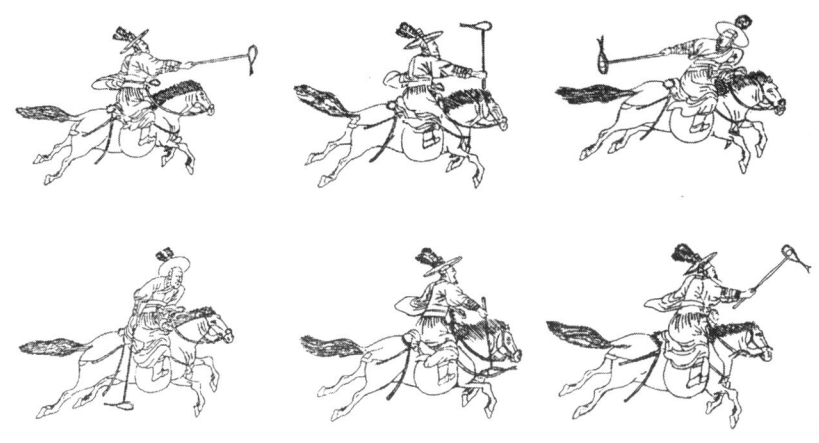

 고려에서 성행하던 격구는 조선시대에 와서 더욱 다양해진다. 서민들을 중심으로 '장치기'가 유행하는데 이는 지금의 필드하키와 비슷한 것으로, 여러사람들이 같은 수로 편을 갈라 나무토막 등의 긴 막대를 이용하여 상대편의 문안에 공을 넣는 경기이다. 이것이 서민들을 중심으로 발달한 이유는 복잡한 설비가 필요하지 않고 넓은 벌판이나 얼음판 등 평탄한 곳이면 어디서나 손쉽게 할 수 있었기 때문이다.

 또한 격구에서 파생되어 사구(射毬)가 생겨 무예수련에 쓰임을 볼 수 있다. 사구(射毬)는 가죽으로 만든 공을 한 사람이 말을 타고 끌고 달리면, 뒤에 여러 사람들이 말을 타고 달려 뒤쫓아가며 촉이 없는 화살을 쏘아 맞추는 것이다. 따라서 흔들리는 말에 이끌려 다니는 공을 쏘아 맞추기가 쉽지 않기 때문에 세종조에는 이것이 가장 좋은 무예수련 방법이라는 기록도 보인다.

 무예도보통지에는 격구에 관하여 공이 두가지가 있음을 기록하고 있다. "하나는 나무공(木毬)인데 붉은 칠을 한 것으로 둘레가

39cm(1자 3치)인 것이다. 다른 하나는 털공인데 가죽으로 속을 싼 서양오이(西瓜) 크기의 고랑 같은 것으로, 이른바 기구로서 위에다가 고리 하나를 덧붙여 꼬아 놓아 말타고 무촉전(無觸箭)으로 끌면 뒤따라가며 쏜다." 라는 설명으로 보아 전자는 격구(擊毬)에 사용하는 공을 말하고 후자는 사구(射毬)에 쓰이는 공을 말하는 것으로 판단된다.

용비어천가(龍飛御天歌) 제44장※ 격구조(擊毬條)에 다음과 같이 고려시대에 격구 경기하는 모습이 자세하게 기록되어 있다.

"매년 단오절이 오면 무관의 지망생을 모아서 격구를 가르친다. 그날의 그 체전을 위해서는 모든 것을 아끼지 않고 공출하여 조각 그림으로 용이 하늘을 날으는 장엄한 그림폭을 오른쪽과 왼쪽편에 각각 200보쯤 길 가운데 붙여서 구문(毬門)을 세운다. 길 양편에는 오색 찬란하게 그림폭을 세우고, 백관 대작들도 모두가 다같이 예절에 따른다. 격구하는 사람은 공평성을 두기 위해서 똑같은 제복을 입고 두 편으로 구성을 하여 좌, 우로 갈라서면 미모의 여인이 구를 들고 서서히 들어오는 동작에 맞추어 피리소리, 북소리가 울렸고, 제전에 다다르면 노래를 부르는 소리가 진동하였다. 노래가 끝나면 구(毬)는 경기장 중심부에 던져진다. 좌, 우 양편의 선수들은 모두가 말을 달려서 긴 나무채로 구(毬)를 다룬다. 제일 먼저 맞힌 자를 수격(首擊)이라 한다. 나머지는 모두가 물러선다. 관중석의 환호 소리에 수격수는 자랑스런 승리자로 관중석에 인사를 하고 물러서면 또 다시 경기는 시작된다."

이러한 격구는 조선시대에 단순한 놀이가 아니라 말위에서 갖가지 재주를 부리기 때문에 무예에 잘하기 위해서는 격구를 기본적으로

격구의 동작(경국대전)

격구(擊毬)는 공을 공문으로 쳐낸 자는 15점을 주고 공문옆으로 비껴보낸자는 10점을 주되 규정된 자세를 갖춘자라야 한다.

말을 출발시키기 위하여 세워놓은 기발(出馬旗) 아래서부터 공채(杖)를 발목에 가로놓은 채 공을 놓아둔 기발아래까지 달려와서 배지(排至)로서 공을 움직이고 지피(持皮)로써 공을 돌린다.

공채의 안쪽으로 비스듬히 공을 끌어 높이 던져 올리는 것을 배지라 하고 공채의 바깥쪽으로 공을 끌어당겨 던지는 것을 지피라고 하며 배지나 지피를 할 때에는 반드시 공채를 말의 가슴에 대야하는데 이것을 할흉(割胸)이라고 한다.

이런 동작을 세번 끝낸 다음에야 말을 달려 격구를 진행한다. 자세를 취하는 동작이 세번 끝나더라도 격구를 진행할 형편이 못되면 4회나 5회를 해도 무방하다.

격구를 처음 시작할 때 공을 세로 치지 않고 공채를 잡아 말귀와 나란히 가로놓는데 이것을 귀견줌(比耳)이라고 한다. 이렇게 두번이나 세번 귀견줌을 한뒤 손을 들어 세로 공을 치면 손은 높이 올려도 공채는 아래고 드리워 흔들리는데 이것을 수양수(手揚手)라고 한다. 수양수 동작은 규정된 회수가 없이 공을 공문으로 내보낼 때까지 한다. 수양수의 동작을 할 때 몸을 한편으로 기울이면서 잦혀누어 공채로 말꼬리쪽을 겨냥하는데 이 것을 치니마기(防尾)라고 한다. 공이 문을 나간다음에는 공을 치지 않더라도 짐짓 수양수 동작을 하고 또 공채를 발목에 가로놓은채 말을 출발시키기 위하여 세워놓은 기발 아래로 달려 돌아온다. 혹시 귀견줌을 할 때 미처 수양수 동작을 하지 못하고 공이 문을 나간 경우에는 공문안에서 짐짓 수양수의 동작을 하고 또 공문바깥에서도 짐짓 수양수 동작을 한다. 혹시 공이 공문앞에 와서 멈추려고 할 때에는 다시쳐서 공문바깥으로 내보내도 상관 없다.

말을 출발시키기 위한 표식은 공을 놓은 표식으로 부터 50보 떨어져 있고 공을 놓은 표식은 공문으로 무터 200보 떨어져 있으며 공문의 너비는 5보이다. 공채끝에 달린 주건은 길이가 27cm(9치), 너비가 9cm(3치)이며 자루의 길이가 1m 5cm(3자5치)이다. 공의 둘래는 39cm(1자 3치)이다.

해야 한다는 판단하에 무예로 규정을 내리고 무과의 시험과목으로 넣게 된 것이다.

이 격구는 1746년(영조22년)에 간행된 속대전(續大典)을 보면 시험과목으로 행하지 않았음을 알 수 있다. 그리고 무예도보통지(武藝圖譜通志)를 편찬할 1790년 당시에는 격구 방식을 아는 사람이 거의 없을 정도였다고 하는 것으로 보아 조선 후기에 격구는 사라져 가는 것으로 보인다.

5. 전투에 응용된 민간전승 무예

정기룡의 초기전투에는 무과시험 내용에 없는 마상재와 석전이 나오고 있다. 이는 조선시대에 주된 무예종목은 아니나 병사들이 군에서 놀이나 스포츠로 진행되던 것을 전투에 사용한 사례라고 볼 수 있다. 이에 대해 조선시대의 무예를 이해하는 차원에서 그 유래와 동작의 내용에 대해서 자세히 검토해 보도록 하자.

1) 마상재

정기룡이 상주가판관으로서의 말을 타고 재주를 부려 왜병을 유인하여 물리치고 용화동 동민을 구출하는 장면이 있다.

"용화동 어귀에서 정기룡은 단숨에 적병을 무찔러 버리고 싶었으나 그들이 사방으로 흩어 지면서 행여 백성들을 상하게 할까봐 걱정이 되었다. 정기룡은 '적을 급하게 몰아치면 우리 백성이 상할 것이다' 판단하고 왜병이 바라볼 수 있는 곳에 말을 세워놓고 휘파람을 불어 적병의 주의를 끌게하였다. 그는 <u>말등 위에 눕기도 하고 서기도 하며, 보이지 않는 곳으로 숨기도 하고 문득 내달아 적병 가까이 다가가기도 했다.</u> 그 노는 것이 하도 신기하므로 적병들은 슬그머니 그를 사로잡아 볼 욕심이 생겼다. 한 왜병이 따라나서고 또 한 사람이 쫓고, 서로 앞을 다투어 그를 쫓기 시작했다. 쫓기는 그는 잡힐 듯 말 듯 왜병을 꾀어내어 널 찍한 들판까지 이르렀다. 이렇게 동구(洞口) 밖으로 꾀어 낸 뒤에야 칼을 뽑아들고 닥치는 대로 적을 몰아쳐서 섬멸하였다. 덕분에 동중(洞中)에 있던 주민들은 털끝만큼도 다치지 않았다."

이대목에서 "그는 말등 위에 눕기도 하고 서기도 하며, 보이지 않는 곳으로 숨기도 하고 문득 내달아 적병 가까이 다가가기도 했다."는 동작은 조선시대 기병들이 운동삼아 했던 일종의 스포츠인 마상재(馬上才)이다.

이것을 동작으로 풀어보면 "그는 말등 위에 눕기도(馬上橫臥佯死, 마상횡와양사) 하고, 서기도(馬上倒立, 마상도립) 하며, 보이지 않는 곳으로 숨기도(左右超馬, 좌우초마) 하고, 문득 내달아(走馬立馬上, 주마입마상) 적병 가까이 다가가기도 했다." 즉, 마상재의 동작 8가지 중 5가지가 있는 것이다.

이것을 볼 때 그는 평소에 마상재에 능했으며 조선시대 기병들이 운동삼아 즐기던 마상재로 왜적의 호기심을 자극하여 유인했던 것이다. 정기룡은 마상재(馬上才)를 전투에 활용하여 무예로 쓸 수 있음을 보여준 사례라 할 수 있다. 그러므로 마상재는 조선시대에 문화적 범주에 들어가지만 여기서는 무예도보통지의 설명에 따라 무예로 다루어 검토해 본다.

　마상재는 단마(單馬)를 타고 행하지만 혹은 쌍마(雙馬)를 타기도 하는데 두 말을 붙잡아매어 가지런히 달리게 하므로 기수가 말 위에서 부리는 재주는 단마와 다름없이 행하는 것이다.

　마상재의 동작은 달리는 ①말 위에서 총 놓기, ②왼쪽 옆에 매달려 달리기, ③바른쪽 옆에 매달려 달리기, ④거꾸로 서서 달리기, ⑤자빠져서 달리기, ⑥가로누어서 달리기, ⑦옆에 거꾸로 매달리기, ⑧쌍마타고 서서 총 놓기 등 여덟 가지 자세가 있었으며 이것을 행할 때는 가죽신을 신지 않고 버선발로 했다고 한다. 마상재의 재주 여덟가지 자세를 자세히 알아보면 다음과 같다.

　제1세는 주마입마상(走馬立馬上)으로서, 처음 말을 낼 때 기수는 바른손에 삼혈총을 가지고 달리는 말 위에 서서 나아가는데 이때 총을 쏘기도 한다.

　제2세와 제3세는 좌우초마(左右超馬)로서 속칭 좌우칠보(左右七步)라 하는데, 기수가 안장을 붙잡고 말의 왼쪽 옆구리에 붙어서 발이 땅에 다을락말락하게 매달려 가다가 다시 몸을 솟구쳐 기수의 배가 안장에 닿지 않도록 말잔등을 넘어서 이번엔 말의 바른 옆구리에 매달린다. 이와 같이 기수는 달리는 말잔등을 서너 차례 넘으면서 말의 좌우 옆구리에 매달려간다.

　제4세는 마상도립(馬上倒立)으로서, 기수는 두 손으로 안장을 짚고 말의 목 왼편이나 머리를 대고 물구나무서기를 한다.

　제5세는 마상횡와양사(馬上橫臥佯死)로서, 기수가 말잔등에 벌렁 드러누워서 죽은듯이 꼼짝 않는다.

　제6세와 제7세는 좌우등리장신(左右鐙裏藏身)으로서 속칭 장니리(障泥裏)라 하는데, 기수가 한손으로 안장을 붙잡고 안장 뒤로 몸을 숨기어 다른 한 손으로는 땅을 긁어서 모래 흙을 끼어 얹는데 기수

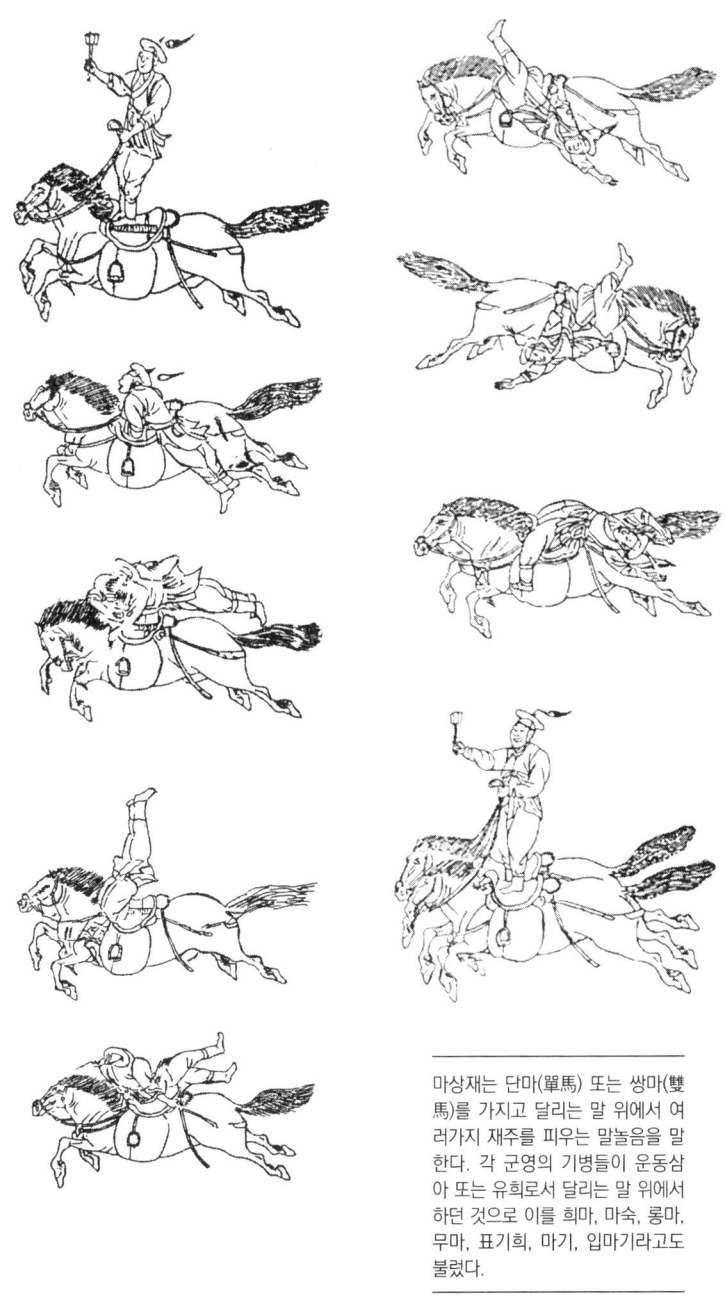

마상재는 단마(單馬) 또는 쌍마(雙馬)를 가지고 달리는 말 위에서 여러가지 재주를 피우는 말놀음을 말한다. 각 군영의 기병들이 운동삼아 또는 유희로서 달리는 말 위에서 하던 것으로 이를 희마, 마숙, 롱마, 무마, 표기희, 마기, 입마기라고도 불렀다.

는 몸을 말 왼쪽과 바른쪽으로 번갈아 이동하며 달린다.

제8세는 종와침마미(縱臥枕馬尾)로서, 기수는 양쪽 발로 말의 옆구리를 끼고서 말꼬리를 베고 드러눕는다.

『삼국사기(三國史記)』권44「열전(列傳)」이사부(異斯夫)에는 "신라의 거도가 마희(馬戱)에 유명하여 당시 사람들이 마숙(馬叔)이라 불렀다."는 기록이 보인다. 이 사료로 보아 이미 삼국 시대부터 마상재가 행해졌음을 알 수 있다.

「고려사」의종 22년(1168) 조에 마상재에 관한 기록을 보자.

"부벽루에 나아가 신기군의 롱마(弄馬)를 보고 백금 두 근을 하사하였다."

"재주를 그 집에 불러 연회를 열고, 격구, 희마(戱馬)를 관람하였는데, 마별초는 황금으로써 장니를 장식하고, 금협나화를 말의 머리와 꼬리에 꽂은 자도 있었다."

이러한 기록으로 보아 기병들에는 마상재가 행해졌음과, 귀족들의 관상적인 호화스러운 면을 짐작할 수 있다.

조선조에는 각 영문(營門)에서 행하였으니 마상재를 잘 할 줄 아는 사람만 해도 400명이나 되었다고 한다. 실제, 조선시대에는 목장이 119개가 있었고 매년 개량마 수만 마리가 생산되었다. 군사상, 교통상 필요에 따라 말을 가졌으며 이것을 갖고 운동하는 것이 성행되었다. 무예의 한 학과로서 5~600명의 선수가 상존해 있었으며, 국사가 외국에 나갈 때 그 일대를 순행, 위풍을 과시하기도 하였다 한다.

조선왕조실록 선조 조에 '왕(선조)이 서교에 친히 납시어 무예를 강하였다. 아동의 마상재를 시험하여 뽑힌 자에게 상을 주었다'는 대목으로 보아 아동에게까지 마상재가 장려되었음을 알 수 있다.

광해군일기 11년 9월 조에는 왕이 교외에 습진친림(習陣親臨) 때에 마상재의 묘기를 보고자 마상재인들을 뽑아들일 것을 명하였다 한다.

인조실록 11년 12월 조에는 일본 도쿠가와 막부에서 조선의 마상재인을 선발하여 보내줄 것을 요청함에 그 이듬해에 통역관 홍가남이 마상재인 장효인, 김정근 두사람을 거느리고 가서 통천장군의 관상에서 구경케 하였다고 하며 그 뒤에 일본 가는 통신사 일행에는 으레 두 사람 이상의 마상재인이 따라가서 여러 가지의 말놀음 재주를 실연함을 상례로 하였다.

효종 때 북벌계획으로 인해 무예를 장려하던 시기에는 이 마상재의 시험을 궁정 안 뜰에서 행한 일도 있었으나 후대로 내려오면서는 그 필요성이 적으므로 차츰 쇠퇴하여 간혹 야외잡희의 한 종목으로 공연되기도 하였다.

일본문헌인 고사류원(古事類苑)에는

"조선국의 마희(馬戱)라는 기예가 있다. 사신이 일본에 올 때마다 반드시 그 기예를 베풀어서 구경시켜준다. 이것을 곡마라고 한다. 그 기예는 아주 절묘기이한 것이다" 라고 기술하고 있다.

또 『학산록(學山錄)』[12]이라는 일본의 기록을 보면

"조선국에는 마희(馬戱)라는 기예가 있는데 참으로 절묘하고도 기이한 재주이다. 와기(臥騎)·도기(倒騎)·전기(顚騎) 같은 기술은 말

---

12) 학산록(學山錄): 일본 에도(江戶·도쿄의 옛 지명) 시대의 유학자 나카무라 란린(中村蘭林, 1697~1761)의 수필

하자면 잡희산악(雜戱散樂)의 일종이다. 나는 박경행(朴敬行)[13]이라는 제술관을 만나 글로써 대화하였는데, 그는 붓으로 써서 말하기를 '적진 속으로 달려 들어가는 기술을 조선에서는 무예로 꼽는다. 봄·가을로 이 재주를 고시하여 그 우열을 가려 상을 내린다. 이와 같은 마상재인이 400~500명 있는데, 이 기예가 언제부터 비롯되었는지 나로서는 알지 못한다. 하지만 그 유래는 이미 오래된 것이다. 창검이 빽빽하고 깃발과 북소리 요란한 적진 속을, 이 기예로써 몸을 감추고 달려 들어가 적군의 깃발을 빼앗고 그 장수를 베어버리면 감히 대적하는 자가 없게 된다. 이런 무예는 중국에도 없는 것이다'라고 하였다. 그렇다면 이 기예는 절박한 싸움터에서 일대 장관을 이루는 무예가 아니겠는가?"

하는 기록이 있다. 이후 일본인들은 이를 모방하여 다이헤이본류(大坪本流)라는 승마(乘馬) 기예의 한 유파를 만들기도 하였다.

당시 마상재에 뛰어난 인물로 인조 때에는 인문조, 이세번, 김정, 장효인이 일본으로 건너가 명성을 날렸으며, 영조 때에 지기택, 이두홍이 유명하였다. 마상재는 순조 10년(1810)에 통신사를 보내는 항목 가운데 빠짐으로써 공식적인 사행(使行)에서 제외되었다. 그리고 19세기 중기 이후 군사 훈련이 아닌 민간 유희의 형태로 곡마단에서 그 유제가 남아 있다가, 오늘날에 이르러서는 외국인 곡마단 공연에서는 가끔 볼 수 있을 뿐, 우리나라 사람이 하는 것을 볼 수가 없다.

이러한 훌륭한 문화유산은 그 동안 이어지지 못하다가 2000년대에 전통무예인들에 의해 복원되어 일부 극소수에 의해 시연되고 있다. 열악한 조건 속에서 전통의 문화유산을 복원한 마상무예인들에

---

13) 박경행(朴敬行, 1710년(숙종 36)~미상): 조선 중기 문신. 1748년(영조 24)에는 무진통신사행(戊辰通信使行)의 제술관(製述官)으로 일본에 다녀왔다. (조선통신사를 파견할 때 일본 막부는 전문적으로 한시와 한문을 작성할 수 있는 제술관(製述官)을 요청했다)

게 격려의 박수를 보낼 일이다.

2) 석전(石戰)

"한번은 중모(中牟)에서 화령(化寧)으로 도망가는 적병을 돌을 쌓아놓고 기다리다가 모조리 돌에 치어 죽게 하여 3백여개의 머리를 베어 순영(巡營)으로 보낸 일도 있었다. 이것이 유명한 그의 석공법(石攻法)이다."

이 대목은 정기룡이 용화동 전투를 치루고 상주에 들어가서 300여 명의 왜병을 몰살 시킨 전투를 말한다. 이 전투의 결과 상주에서 조선군과 왜군의 관계가 역전된다. 성주성 안에 있던 왜병들은 겁을 먹어 마음대로 다니지 못하게 되고 주민들은 마음대로 돌아다니게 되었을 분 아니라 상주성을 탈환의 시발이 되는 중요한 전투다.

이 당시 정기룡이 척석군(擲石軍)을 조직하여 전투를 치루었는지는 자료의 미비로 알 수 없다. 이를 통하여 우리가 생각할 수 있는 것은 임진왜란시에 돌을 이용한 전투가 많이 있었다는 사실이다. 돌(石)과 관련하여 조선시대에서는 군에는 전투의 병종의 하나인 척석군(擲石軍)으로 존재했고, 민간에서는 석전이라 하여 놀이로 널리 퍼져 유행되고 있었다.

석전이 군과 민간에 어떻게 유래되었는지 살펴보면, 우선 군에서는 고대의 전쟁에서부터 그 전문부대가 있었음을 알 수 있다. 삼국사기에 보면 신라 문무왕 때 군제에 석전대를 편성한 기록이 있으며, 이러한 돌을 이용한 부대를 고려시대는 척석군(擲石軍)이라 하였다. 돌부대의 구성은 병사들 중에 평소 돌팔매에 익숙한 사람을 모아서 만들었던 것으로 보인다.

조선시대에 와서도 석전은 크게 장려되었으며, 그 군사적 가치가 인정되어 척석군으로 병제화되었다. 또한 임진왜란시 행주대첩에서도 위력을 발휘한 바 있는 무기로서의 척석(擲石)은 후일 총기류가 일반화 될 때까지 실전에서도 흔히 이용되었다. 조선시대의 석전에 관한 문헌으로는 다음과 같은 것이 있다.

> "궁성 남문으로 나가 척석희를 보았다. 절제사 조온은 척석군(擲石軍)을 이끌고, 판중 추원사 이근은 제위대를 이끌고 좌우로 나누어 서로 싸워 해질녘까지 이르렀는데, 사상자가 자못 많았다"
>
> - 조선실록 태조 조

> "권율이 행주에서 왜적을 대파하였다. 전시에 돌을 이용함은 제일 좋은 방법이다. 그곳은 돌이 많은 고로 제군이 다투어 돌을 던져서 전투를 도왔다."
>
> - 조선실록 선조 조

이렇게 전쟁시에 활용되던 돌(石)은 평시에도 전투를 연습할 수 있는 놀이로도 민간에서 내려왔다. 이를 석전이라하는데 돌판매질을 하여 승부를 다투는 편싸움으로 척석희(擲石戲)라 하기도 하고 편싸움이라고 부르기도 하였다. 이러한 놀이로 내려온 석전에 관한 문헌으로는 '수서 고구려편'이 있다.

> "해마다 정월 초생이면 패수 위에 모여서 놀이를 하는데, 왕이 수레를 타고 우의를 갖추고서 이것을 사열한다. 이 사열이 끝난 뒤 왕이 못을 물에 던지면, 사람들은 좌우 두 패로 나누어져 서로 물을 뿌리고 돌을 던지면서 고함쳐 쫓기를 두세 번 하고 그친다."

그리고 고려사에도 신우편에 석전에 관한 기록이 보인다.

"1380년 5월 우왕이 석전의 놀음을 보고자 한다. 국속(國俗)으로 단오에는 무뢰한들이 통구에 모여 좌우대로 나누어 기와와 조약돌로 서로 친다. 혹은 섞여서 단정을 가지고 승부를 결정한다. 이를 석전이라 한다."

이러한 석전은 조선시대에 전 기간동안 놀이로 자리잡아 전국적으로 행하여졌다. 국가적인 놀이로 자리잡은 석전의 구체적인 모습은 다음과 같다.

매년 5월 5일부터 10여일간 연속적으로 싸운다. 대부대와 소부대로 나눠 참여하여 싸운다. 전투에 참여하는 석투수는 후방 원거리에 나열하여 공격을 행하고 용자는 군모에 목봉을 들고 격투를 하였다. 2-3인이 앞에서 대립하여 두발낭상, 딴죽 등의 유술(수박)을 쓰고 목봉으로 적의 머리를 박타하여 유혈이 낭자하면 구호반은 예민한 준비로 부상자를 치료했다. 전투능력을 상실하여 패주하면 끝난다.

대한제국 멸망사(The passing of korea)에서 헐버트 (H. B. Hulbert)는 석전에 대해 다음과 같이 적었다.

"한국에서는 석전과 같이 그들만이 즐기는 놀이가 있다. 한국인들이 중용적(中庸的)이고도 남들에게 해를 끼치는 짓이란 하지 않는다는 점에서 본다면 이 놀이는 좀 변칙적이다. 그러나 미국인들이 야구를 즐기는 만큼 한국인들이 이 위험스러운 놀이를 그렇게도 좋아하는 이유가 무엇인가를 알기 위해서는 음력 정월 이곳에서 지내 보는 수밖에 없다. …

같은 마을 주민들끼리라도 패를 갈라서 석전을 할 수도 있지만 흔히 이웃 마을끼리 편이되어 도전기를 휘날리며 싸움을 걸어온다. 그들은 울타리가 없는 빈 들판에 쏟아져 나가는데 어떤 사람은 두터운 장갑을 끼고 부거운 철모로 무장을 하며 한편으로는 단순히 돌을 던지기만 한다. 양편의 대장들이 장갑낀 주먹을 휘두르고 상대편을 모조리 때려 죽이기라도 하려는 듯이 씨근 거리며 거만스럽게 자기 패거리 앞으로 나와 선다. 돌이 날기 시작하면 대부분은 돌을 막지 못하고 쓰러지며 나머지는 교묘히 피한다. 싸움이 심할 때는 집이 무너지는 경우도 있지만 대개의 경우 팔에 타박상을 입고 머리가 깨지고 욕이나 한없이 퍼붓는 정도로 그친다."

이러한 석전은 정월 대보름날 마을과 마을 간에 어린 소년들이 대오를 마련하여 싸우는 것으로 근래까지 전해져 내려왔다. 1960년대 초만해도 정월 대보름 저녁 무렵이면, 개천이나 큰 길을 사이에 두고 다른 동네 아이들과 돌싸움을 벌이는 광경을 흔히 볼 수 있었다. 필자가 어렸을 적에 충청도 연기군에서도 이러한 놀이를 한 기억이 난다. 놀이 과정은 잘 기억이 나지 않지만, 형이 석전놀이를 하다가 머리가 터져서 집안이 발칵 뒤집히고 난리가 났던 기억은 뚜렷이 남아 있다.

지금은 아련한 추억으로 떠오르는 석전! 이 용맹스럽고 진취적인 놀이가 아파트나 도시의 좁은 공간에 갇혀 살고 있는 현대인들의 추억 속에서 점차 사라져가고 있다.

제 3 편

조선의 무인 양성정책과
명장의 조건

1. 조선시대 문무겸비의 무인양성 정책

1) 병서와 역사 및 경전 과목에 대한 논란

초기에 무과(武科)의 시험에 있어서 이론은 무경칠서(武經七書)[1]로 보았다. 이로 볼 때 이론에는 그렇게 크게 비중을 두지 않은 듯 보인다. 그러다가 세종조에 들어와서 무과(武科)에 무예와 병서의 습득은 물론이고, 유교경전을 제대로 이해하지 못하는 장수는 훌륭한 장수가 될 수 없다는 주장이 제기되어 유교경전이 첨가된다.

> 병조에서 아뢰기를
> "장수가 된 사람은 마땅히 의리를 알아야 될 것인데 전번에 무과 시험에 다만 무경칠서((武經七書)만 시험하였으니, 이로 인하여 무과를 보려는 자는 다른 것을 아울러 배우기를 즐겨하지 않습니다. 이후로 무과를 보일 때 사서와 오경 중에서 자원하여 강독(講讀)하려는 자는 한가지 글을 아울러 강(講)하게 하여 무경(武經)의 예(例)와

---

[1] 육도(六韜), 삼략(三略), 손자(孫子), 오자(吳子), 위요자(尉繚子), 사마법(司馬法), 이위공문대(李衛公問對).

같이 분수(分數, 점수)를 주되, 전에는 무경에 통한 사람은 5분(五分)을 주고 대강 통하는 자는 3분 반(三分半)을 주고 대강 읽는 자는 1분(一分)을 주었으나, 대강 읽는자에게 분(分)을 주는 것은 부당하오니 이후로 통하는 자에게는 5분을 주고, 대략 통하는 자에게는 3분 반을 주고, 약간 통하는 자에게는 1분을 주어, 이것을 항식(恒式)으로 삼을까 합니다." 하니 그대로 실시하였다.

세종실록 18권, 세종 4년 윤12월 15일 무진

그러나 이러한 조치에 대하여 10년 뒤에 병조에서는 무과는 될 수 있는 대로 무예가 탁월한 사람을 뽑아야 하는데 지금 무예가 뛰어난 사람보다 무경(武經)과 사서오경(四書五經)에만 통하면 오히려 유리하게 되니 시험을 보아서 뽑는 본뜻이 어그러진다는 경험상의 폐해를 주장하게 된다.

병조에서 아뢰기를 속전(續典)의 무예정식에 "무경 중에 3서(書)를 통하고, 경사(經史)중에 1서(書)를 통하고, 사서(四書)중에 3서(書) 이상을 통한 자를 취하고, 오경(五經)을 강(講)하기를 자원하는 자는 들어준다" 고 하였습니다. 무과는 될 수 있는 대로 탁월한 사람을 뽑아야 하는데 지금 무재(武才)가 유능한 사람이라 할지라도 강서(講書) 점수가 부족한 사람은 합격이 되지 못하고, 실기가 부족한 자라도 무경(武經)과 사서오경(四書五經)에만 통하면 도리어 그 위에 있게 되오니 시험을 쳐서 뽑는데 어그러짐이 있습니다.

금후로는 무과를 시취할 때 경서 중에 1서(書)만 강(講)하여 통한 자, 사서 중 2서(書)만 통한 자, 무경의 4서(書) 이상을 통한 자를 시험하여 뽑는 것이 어떻겠습니까? 하니 명하여 상정소(詳定所)에 내려 의논하게 하였다.

- 세종실록 권 68 세종 17년

이러한 병조의 주장에도 불구하고 황희 등이 강서(講書)의 중요성을 설파하여 예전대로 시행할 것을 주장하니 결국 병조의 주장이 무산되고 말았다.

이처럼 무과의 시험내용중 이론 대목에 관해서는 상당히 많은 논란이 있었던 것으로 보여진다. 무관을 양성함에 있어 실기인 무예를 우선할 것인지 아니면 병서습득과 같은 이론을 우선 할 것인지에 대한 논의는 조선조 전반에 걸쳐서 항상 제기되었다. 처음에는 무경칠서(武經七書)만 보다가 사서오경(四書五經)[2])이 포함되고 다시 축소되는 등 매 시기마다 이론 시험과목이 조금씩 차이가 나다가, 1492년 경국대전에 다음과 같이 규정된다.

> 이론시험은 사서오경(四書五經) 중 자신이 원하는 책 하나, 무경칠서 중 하나, 병요, 무경, 통감, 장감박의, 소학 중에서 원하는 바 하나를 선택한다. 그리고 별도로 경국대전을 시험본다.

결과적으로 조선시대 무과에 급제하기 위해서는 반드시 이론을 겸비해야 했던 것이다.

2) 이론 과목의 내용

경국대전에 무과시험으로 채택된 과목은 크게 조선에서 직접 편찬한 서적과 중국의 서적으로 구분된다. 조선에서 편찬한 책들로서는 무경(武經)과 병요(兵要)와 경국대전(經國大典)이 무과에 들어가 있다. 우선 경국대전은 성종 때 완성된 것으로서 조선의 사회제도와 법률을 다룬 법전류의 책이다. 그리고 병요(兵要)는 1456(세조1)년에

---
2) 사서(四書)는 대학, 논어, 중용, 맹자, 오경(五經)은 시경, 서경, 주역, 예기, 춘추.

세조³⁾가 직접 편찬한 것으로서 조선과 중국의 역대 중요한 전쟁들을 서로 비교하면서 수록한 전쟁사이다. 무경(武經)은 1457(세조2)년 상호군(上護軍) 오위(五衛)에 속하는 정3품 무관 배담(裵湛)이 저술한 병서이다. 그리고 무경칠서 (武經七書) 사서오경(四書五經), 장감박의, 소학, 통감 등은 중국의 병서, 역사, 도덕과 교양에 대한 내용들이다.

이처럼 무과시험의 이론내용은 조선의 병서, 사회제도, 법률, 전쟁사 등과 중국의 병서, 역사, 도덕과 교양 등으로 범위가 상당히 넓고 내용의 깊이도 꽤 있는 책들이다.

3) 무과 시험의 이론 과목 비중

1차시험인 초시(初試)에서는 무예 실기만을 위주로 전국에서 190명의 무인을 선발하였다. 이들중 28명을 선발하는 2차시험인 복시(覆試)는 무과의 급제여부를 결정하는 실질적인 최종시험이었기 때문에 시험방법이나 시험과목이 매우 까다로웠다.

2차시험인 복시는 초장, 중장, 종장의 삼장제(三場制)⁴⁾에 의하여 운영되었다. 복시의 초장은 목전(木箭), 철전(鐵箭), 편전(片箭)을 시험 보고, 중장은 기사(騎射), 기창(騎槍), 격구(擊毬)를 시험보았다. 무과 복시의 시험과목 가운데 초장과 중장의 무예시험은 과목이나 채점 방법에 있어 초시와 같았다.

결국 복시(覆試)의 시험과목이 초시(初試)의 과목과 다른 것은 바

---

3) 세조는 특히 전쟁터에서 장수들이 견지해야 할 품성과 각오 그리고 교양에 대한 내용이 담긴 <병장설>과 <위장병법대지>를 직접편찬하여 무관의 인격을 높이려고 노력했다.
4) 쉽게 풀이하면 2차시험을 1차 2차 3차로 다시 세분해서 보았다는 뜻이다.

로 종장에서 강서(講書)[5]를 시험보는 것이었다.

전국에서 뽑힌 1차 합격자 190명은 무예 실력에서는 큰 점수차가 나지 않을 것으로 판단된다. 결국 이론이 강화될수록 이론에 의해 합격의 결정이 판가름 나게 되는 것이다. 그러므로 무과지망생들은 평시에도 이론에 대한준비를 소홀히 할 수 없었을 뿐 아니라 특히 1차에서 합격하고 난 후 2차까지의 공백인 6개월간은 필사적으로 이론에 매달렸음을 추측할 수 있겠다.

무과의 3차시험인 전시(殿試)는 기격구(騎擊毬), 보격구(步擊毬)만 시험을 보게하여 갑(甲)과 3인, 을(乙)과 5인, 병(丙)과 20인으로 순위를 확정지었다.

결론적으로 조선시대에는 반드시 이론을 겸비하여야만 무과에 급제할 수 있었던 것이다.

4) 실전에 나타나는 무관의 지략(智略)

조선의 정책이 문무를 겸존한 무관을 얻기 위해 이론에 많은 비중을 두었던 이유는 무관은 평시에도 국방의 담당자로서 군사들을 올바르게 이끌고 지도해야 하고, 전시에는 군사를 이끌고 나가 싸워 승리를 해야 할 막중한 책임이 있기에 무예실력과 함께 이론이 요구되었던 것이다.

이처럼 조선의 무인양성정책을 볼 때 25세에 무과에 급제한 정기룡의 이론에 대한 폭과 깊이는 대체적으로 짐작할 수 있겠다.

그러나 이러한 사회적 제도적 장치가 모든 사람을 다 지장(智將)으로 만든는 것은 아니다. 왜냐하면 이론을 배웠다고 모든 장수들이 다

---

[5] 글자의 뜻을 강론(講論)함

승리만 하는 것이 아니기 때문이다.

다음으로 임란시 장수의 실책으로 패한 전투와 정기룡의 전투를 비교해 보면서 무관이 이론을 갖추는 것을 중시했던 조선시대 정책을 다시 생각해 보자.

"서울은 마침내 왜군에게 함락되었다. 의주로 옮긴 이후 왕은 각도에 교서를 내려 각도의 병력을 서울로 집결시켜 수도 서울을 수복하라고 명령을 내렸다.

전남 순찰사 이광은 이 명령을 받고 곧 행동에 옮겼다. 그는 방어사 곽영과 더불어 전라도의 군대 4만여명을 소집하고 두 사람이 각각 2만여 명씩 인솔하여 서울 진격의 대오를 갖추었다.

직산에 이르러 경상도 순찰사 김수의 부대와 충청도 순찰사 윤선각의 부대와 합세하게 되었다. 이리하여 총수가 무려 10만이 넘었다. 삼도군이 합세하여 북진을 계속하였다. 며칠후 이 대군단은 수원시 동북방인 광교산에 도착하였다. 여기에서 용인 방면에 소수의 왜군이 있다는 말을 듣고 전군을 정지시켰다. 그리고는 작전회의를 열었다.

권율 장군은 이 작전회의에서 다음과 같은 작전을 설파하였다.

'적군이 이미 유리한 지역을 점령하고 있으므로 공격하기가 매우 어려울 것이다. 그리고 우리 군대는 3도군이라고 하지만 지금 우리나라 형편으로는 전국을 통틀어 모은 병력이나 다름없다. 국가의 존망이 우리 부대의 전투에 달려 있다. 작전에 조그마한 실수가 있어도 안된다. 먼저 수세를 취하여야 한다. 아군은 오랫동안 쉬어 힘을 길렀다가 정병을 앞세워 적병을 추격하면 한 놈도 놓치지 않고 다 잡을 수 있을 것이다.'

그러나 이런 훌륭한 작전을 다른 지휘관들은 들으려 하지도 않았다. 직속 상관인 이광은 이 안을 가볍게 웃어 넘겼다. 그리고는 두 선봉대장으로 하여금 각각 천명의 병력을 거느리고 진격하도록 명령을 내렸다. 앞선 두 부대장은 왜군을 제 각기 먼저 섬멸하여 큰 공훈을 세운다고 날뛰면서 출발을 서둘렀다.

  이것이 1592년 임진 5월 5일의 일이었다. 적은 아군의 진격을 미리 정찰하여서 알고 있었다. 그들은 나무숲을 이용하여 매복하였다가 아군이 가까이 오자 갑자기 돌격하여 왔다. 고함을 치면서 뛰어나와 닥치는 대로 찌르고 칼을 휘두르는 바람에 워낙 실전에 경험이 없는 아군은 대혼란에 빠지고 말았다. 훈련도 변변히 받지 못한 민병인 우리 군대는 겁에 질려 사방으로 흩어졌다. 이 전투에서 두 선봉 장군은 부하 장병을 독전하다가 무참한 전사를 당했다. 그리하여 첫 전투는 아군에게 큰 상처를 주고 말았다.

  이 일을 당한 권 장군은 급히 소속부대를 결속시키고 정연하게 퇴각하였다."

이러한 작전의 중요성을 무시한 전투 실패에 반하여 정기룡은 초기 전투에서부터 단순한 용맹성만이 아니라 상당한 정도의 전략전술을 구사하고 있다.

  조경의 참모로 참전하여 처음 적과 대치했을 때, 정기룡은 적과 아의 상황을 정확히 분석하였다. 그의 전술은 기병의 장점을 살려 적의 보병을 혼란 시킨 후 혼란을 틈타 보병으로 공격하자는 의견이었다. 이러한 그의 의견은 실행되지 못했지만 상황판단을 논리적으로 하는 모습을 볼 수 있다.

  그 후 정부군이 패하여 서울이 점령된 후 그는 혈혈단신(孑孑單身)으로 상주에 들어가 군사를 조직해서 석공법과 화공법으로 상주성을 탈환하게 된다. 이중 화공법은 상주성을 탈환하는데 사용되었던 전술로 지리적인 조건과 아군의 힘을 최대한 결집시키면서, 심리전과 복병전으로 왜병을 몰살시킨다.

"… 한번은 중모(中牟)에서 화령(化寧)으로 도망가는 적병을 돌을 쌓아놓고 기다리다가 모조리 돌에 치어 죽게 하여 3백여개의 머리를 베어 순영(巡營)으로 보낸 일도 있었다. 이것이 유명한 그의 석공법(石攻法)이다.

정기룡은 상주목사 김해와 함께 군사를 불러모아 군사 1000여명이 되자 산중에서 상주성(尙州城)을 탈환할 계획을 세웠다. 11월 23일을 기하여 정기룡은 화공법(火攻法)으로 상주성을 탈환하기로 하였다.

오래도록 상주 성중에 갇혀 있던 왜병들은 지칠 대로 치쳐있었다. 그는 밤마다 북을 울리면서 경계를 엄중하게 하여 마치 적을 습격할 것처럼 하니 적은 놀라서 오래도록 어찌할 바를 몰랐다. 정기룡은 주민4백여 명을 동원하여 소나무 관솔을 마련하게 하고 밤중에 성 주위에 빙 둘러 긴 나무를 세우고 그 나무에다 소나무 관솔로 만든 횃불을 묶어놓게 하였다. 그리고 곳곳에 나무를 쌓아놓아 화공(火攻) 준비를 하고는, 남쪽, 서쪽, 북쪽 세 개의 성문 밖에 마른 나뭇가지와 짚을 산더미처럼 쌓고 군사를 배치하였다. 오직 동문(東門)만은 비워 놓고 적군을 한 쪽으로 몰아넣게 하였다. 그리고 동문 밖에는 힘센 군사들과 장정으로 하여금 이곳 저곳에 숨어서 기다리게 하였다.

공격준비가 완료되자 수만의 횃불을 일제히 밝히게 한 다음, 정기룡 자신이 몸소 큰 횃불을 들어 신호를 내리고 적진에 뛰어들어 불을 질렀다. 정기룡은 여러 장수들에게 성의 서쪽, 남쪽, 북쪽의 세문만을 공격하게 하였다. 성의 사방에서 불길이 하늘로 치솟고 왜병들의 막사에는 불이 붙어 성중이 발칵 뒤집혔다. 졸지에 기습을 당한 왜병들이 살 길을 찾아 헤매다가 다행히 동문밖에는 불길도 없고 함성이 들리지 않음을 보고 그리로 쏟아져 나왔다. 기다리고 있던 복병들은 한꺼번에 달려들어 닥치는 대로 왜병을 때려 눕혔다. 시체가 쌓이고 쌓여 달아날 길도 막혀 버릴 지경으로 왜군은 대패(大敗)하고 도망갔다. 이리하여 오랫동안 빼앗겼던 상주성은 정기룡의 신묘한 전술로 탈환할 수 있었던 것이다."

이와 같이 그의 기록에 보이는 초기의 전투의 승리는 지략(智略)에 의한 승리였다. 이처럼 주된 승리의 요인이 무예실력이 아니라 지략(智略)이었다는 데서 알 수 있는 것은 그가 상당한 이론을 갖춘 무관이라는 점이다. 이와 같이 장수의 전략전술은 전투에서 결정적인 역할을 하기 때문에 조선시대에 무관양성에 있어서 이론의 비중이 그렇게 많이 차지했던 것이다.

무관인 그가 어떻게 이러한 전술이론을 겸비하게 되었을까? 지혜(知慧)는 무예를 통해서 얻어지는 것이 아니라 학문을 통해서 얻는 것이다. 그런데 그의 무예 실력을 볼 때, 어려서부터 말을 타고 활을 쏘는 일로 많은 시간을 보냈을 것이다. 설령 학문을 했다 하더라도 역동적으로 몸을 움직여 땀을 흘리는 무인이 차분하게 책상에 앉아 학문을 한다는 것은 쉬운 일이 아니다.

그러므로 정기룡 개인의 남다르고 부단한 노력을 충분히 짐작할 수 있거니와, 더 나아가 정기룡의 지혜는 사회 제도적으로 뒷받침되고 구체적 무인 양성정책으로 구현된 조선시대 문화적 및 역사적 전통과 깊은 관련이 있다는 것을 알게 된다. 왜냐하면 무인의 무예 실력과 이론을 향상하는 문제는 개인과 사회의 노력으로 가능한 일이기 때문이다. 실제로 고대로부터 조선에 이르기까지 시대에 따라서 형태가 달랐을 뿐 항시 이러한 노력을 기울여 왔었다.

2. 문무겸전의 역사 전통과 명장의 조건

1) 무예교육의 역사 전통

앞서 조선시대 무예와 무인을 이해하기 위해서 무인 등용제도인 무과제도의 실기와 이론을 검토해 보았다. 이를 통해 우리는 정기룡의 초기전투기록에 대한 이해와 더불어 조선시대 무인들의 무예실력과 수준을 알 수 있었고 문무를 겸비한 무관을 뽑기 위한 국가정책을 알 수 있었다. 이러한 제도와 정책은 고조선, 삼국시대 이래 문화 역사적 전통으로 면면히 내려오고 있으며, 그 중 무인에 관련된 교육형태의 대표적인 것을 보면,

> "소도가 서 있는 곳에는 충(忠), 효(孝), 신(信), 용(勇), 인(仁)의 계율이 있었다. 소도 옆에는 반드시 경당을 세워 미혼의 자제들에게 책 읽기, 활쏘기, 예절, 노래, 주먹치기와 칼쓰기 등을 가르쳤다."

고 한다.[6]

이처럼 우리 역사는 고대사회에서부터 젊은이들의 교육에 많은 심혈을 기울였으며 이들중 무예가 뛰어난 자를 무관으로 등용하였던 것이다. 이러한 문무의 통합교육은 삼국시대 이후 통일국가가 형성되면서 한쪽으로 치우치는데 고려시대의 문치주의(文治主義) 정책이 그것이다.

고려시대의 문인위주의 교육과 관료체계의 구성은 무인을 소홀히 하게되고 사병(私兵)을 활성화 시키게 되는 것이다. 이러한 고려의 편향된 정책은 내부 모순을 폭발시키기도 하여 한 때 무신난[7]이 일어나

---

6) 단군고기, 태백일사, 고구려 역사, 고구려 문화사 참조.
7) 고려 의종(1170년) 때의 일이다. 의종은 문신 임종식, 이복기, 한뇌 등과 더불어 보현원

무신정권의 형태로 나타나기도 하였던 것이다.

조선시대는 기본적으로는 문치주의(文治主義)를 유지하지만 고려의 문제점인 사병을 혁파하고 무과(武科)와 도시(都試) 등의 제도로서 편향된 고려의 정책을 극복하였던 것이다.

이와 같이 매시기 정책의 양상은 다르지만 무관의 양성에 대한 노력을 기울었던 것이다. 이러한 과정에서 배출된 인원은 조선시대 무과에서만 15만 명이었다.

우리의 전 역사를 볼 때 이론과 실력을 갖춘 무수히 많은 무관들이 배출이 되었을 것이다. 그렇게 배출된 수많은 무관 가운데 명장은 아주 소수에 불과하다. 이는 앞서 말한대로 개인과 사회의 노력으로 명장의 필요조건은 갖추었지만, 명장이 되기에는 아직 충분하지 못했

으로 연회를 즐기러 가고 있었다.
"이곳의 경치야말로 장관이로구나. 한번 무예를 베풀직도 한 곳이로다."
그리고는 무신에게 명하여 오병수박희(다섯 사람이 한패가 되어 겨루는 무예)를 시행토록 하였다. 이때 대장군 이소응이 무인답지 못한 여윈 몸으로 상대자와 서로 겨루다가 끝내 힘이 달려 달아나는 것을 본 문신인 한뇌는 이소응 앞에 다가서서 욕을 보이려고 힘껏 그의 뺨을 쳤다. 한참 동안의 대결로 기진맥진한 이소응은 힘없이 그대로 뜰 아래로 떨어져 버렸다.
이 광경을 본 문신들은 왕의 눈치를 살펴가며 이소응을 실컷 비웃었는데, 그 중에서도 임종식, 이복기 등은 이소응이 무인으로서 의젓하지 못한 행동을 하였다고 꾸짖기까지 하였다.
이러한 광경을 본 정중부는 동료 무인들과 눈짓을 한 다음 굵직한 목소리로 한뇌에게 말하였다.
"이소응은 비록 무부(武夫)이나 삼품관(三品官)이어늘 어찌 그렇게도 심한 모욕을 줄 수 있단 말인가!"
이때, 왕이 놀라 정중부의 분노를 풀도록 위로의 말을 몇 마디 던졌다. 그리고 긴장된 순간이 얼마간 흐른 뒤에 다시 행차는 계속되었다. 왕의 일행이 목적지인 보현원에 도착한 것은 이미 해가 기운 뒤였다. 낮부터 뭔가 일을 벌일 기세를 보였던 무관 이고는 이의방과 함께 행차의 선두에 달려가서 왕의 명령이라 하여 순검군을 집합시켰다. 그리고 왕이 원문에 들어가고 문신들이 물러가려 할 때에 이고 등은 재빨리 임종식, 이복기를 문앞에서 베어 죽였다.
앞서 이소응에게 욕을 보인 한뇌는 엉금엉금 기어서 왕의 가마 밑으로 기어들어 피신했는데, 그 역시 왕이 보는 앞에서 죽음을 당하였다. 이번 왕의 행차를 따랐던 문신과 내시 거의가 이날 죽음을 당해 그 시체가 산더미같이 쌓였다.
이것이 바로 고려를 계속적인 무인의 난속에 휩싸이게 하였던 정중부의 난이다.
- 이종복, 붓을꺽은 칼 정중부(鄭仲夫), 청구문화사, 1974.

기 때문이다.

2) 명장의 충분조건 - 인격과 품성

그러면 명장이되기 위한 충분 조건은 무엇인가. 그것은 인간으로서 갖추어야 할 인(仁), 의(義), 예(禮), 지(智), 신(信)의 품성인 인격(人格)이다.

그러면 인격은 어떻게 형성되는 것인가? 이것은 앞서 역사적으로 본 것처럼 국가의 정책이 있다고 만들어지는 것이 아니라 개인이 가정과 사회 그리고 문화 속에서 살아가는 과정에서 형성이 되는 것이다.

아무리 이론이 뛰어나고 무예실력이 출중해도 인간으로서 갖추어야 할 품성이 좋지 못하다면 우선 병사들이 따르지 않을 것이요, 설령 따른다 하더라도 마음에서 우러나 따르지 않기 때문에 초기에 몇 번은 재주로 승리 할 수 있으나 결국은 패하기 때문이다. 한 개인이 후세에 있어서도 존경을 받는 이유는 역사적 위업과 더불어 개인적 삶에서 귀감이 되기 때문이다.

결론적으로 명장이 될 수 있는 기초는 얼마나 고매한 인품과 철학을 갖고 삶을 살았느냐의 문제이다. 이러한 인격이 있어야 인간은 역사에 공헌을 하고 이름을 남기는 것이다.

무관은 평시에는 국방 담당자로서 군사들을 올바르게 이끌고 지도 할 수 있는 능력이 필요하다. 또한 전시에는 무리를 이끌고 싸워 승리를 해야하기 때문에 병사들보다 지혜(智慧)와 용기(勇氣) 인자(仁慈)함이 더욱 요구되었다. 이중에 어느 것 하나가 결여가 되어도 그 피해는 이루 말할 수 없는 것이다. 이처럼 무관의 역할은 그 나라의 사활이 걸려 있는 만큼 병사들 보다 더 많은 능력과 자질이 요구되었던 것이다.

지혜와 용기의 문제는 앞장에서 자세하게 다루었으므로 이번에는 인품의 문제를 검토해 보도록 하자. 인품은 문인, 무인으로 나누어 구분할 수 있는 것이 아니며, 개인의 성품 자체에 따라 구분되는 것이다. 또한 인품은 하루아침에 만들어 지는 것이 아니라 사회 속에 살면서 형성되는 개인의 성품이다. 장수의 경우 보통 군에서 어머니와 같은 인자한 마음으로 병사들의 어려움이나 문제점들을 해결해주고 덕을 배풀 때 병사가 따르고 그들에 의해 덕장으로 평가되는 것이다.

3) 정기룡의 인품

우선 정기룡의 인간적인 면, 곧 부모형제에 대한 마음과 나라를 생각하는 마음이 드러나는 대목을 보도록 하자.

"열세살이 되던 해에는 아버지를 여의고 형(兄) 인수(仁壽)와 더불어 묘 옆에서 3년의 거상을 어른과 다름없이 치루었다. 18세 에 형이 죽자 약한첩 못해준것이 마음이 아파 3년간 고기를 먹지 않고 지냈다."

"어머니와 부인을 안전한 곳으로 피하게 한 다음 국가위난을 생각하니 한시가 바쁘게 군진(軍陣)으로 돌아가고 싶었다."

김태허가 벼슬이 병사(兵使)에 이르렀을 때에 지난 날의 정기룡을 회상하면서 다음과 같이 말하였다고 한다.

" 그는 언제나 자기가 벤 수급(首級)을 모조리 다른 사람에게 주면서 '나는 다음 번에 갖겠다.'고 하고서는 또 그 다음에도 마찬가지로 남에게 주곤 했지, 생각하면 오늘의 내 지위가 모두 정 장군의 덕분이야."

정기룡은 13살 부터 16살까지 3년상을 치루고 다시 18살부터 21살까지 죽은 형을 위해서 경건한 생활을 실천했다. 이처럼 정기룡은 10대 대부분을 효(孝)라는 문제에 대한 깊은 사색과 실천으로 보내게 된다. 이러한 경험과 조선시대 유교사상은 그의 인생관에 깊은 영향을 주었을 것으로 생각된다. 이러한 그의 효에 대한 실천은 전쟁중에도 어머니에 대한 효심으로 이어지고 있는 것을 볼 수 있다.

나라에 충성하는 마음은 여러 곳에 보이나 그가 혈혈단신(孑孑單身)으로 적의 점령지역에 들어가 한지역을 해방시켰으니 더 언급할 필요가 없으리라고 본다. 특히 정기룡이 상주목사 시절 그의 덕망을 흠모하여 수십만의 피난민이 상주로 몰려와 있었다는 자체가 그의 고매한 인격을 잘 나타내고 있는 것이다.

4) 정기룡 장군의 위업 – 군사조직가이자 선봉장

그는 "죽음을 두려워하지 않는 군대의 대장"이라는 '감사군(敢死軍)' 칭호를 정부로부터 받는다. 이 감사군 칭호는 이 시대를 사는 우리들에게 깊은 사색을 하게 만드는 대목이다.

이를 장수의 지략과 용맹으로 인한 연이은 승전덕에 병사들의 사기가 하늘로 치솟아 죽음을 두려워하지 않고 싸움에 임하였기 때문에 붙여진 이름이라 볼 수도 있다.

그러나 이러한 이해는 아주 단순한 생각이다. 왜냐하면 전쟁이 한

두달 진행이 되었다면 그럴 수 있지만 이때는 이미 전쟁진행이 1년을 훨씬 넘긴 상황이기 때문이다. 그리고 군대는 사람이 모인 집단이기 때문에 장수의 용맹성과 지략만으로 감사군 소리를 듣는다는 것은 불가능하다. 이러한 군조직은 장수가 모범을 보일 뿐이 아니라 병사들의 일상에서 전투까지 모든 분야를 세심하게 지도했을 때 가능한 것이다. 즉 지도자가 조직을 위해 헌신을 했을 때 하나의 생물체처럼 조직구성원인 병사들은 지도자를 따라서 목숨을 걸고 움직일 수 있기 때문이다. 이는 군사조직적인 측면에서 최고로 높은 수준으로 조선군 조직의 "백미"라 볼 수 있을 것이다.

　죽음을 무릅쓰고 싸우는 조직의 형태는 인간이 만들어 낼 수 있는 최고의 조직으로 어떠한 싸움에서도 반드시 승리 할 수 밖에 없다. 우리는 그의 1년 6개월간의 전쟁터에서의 삶의 모습을 보면서 장수로서 갖추어야 할 모든 것을 갖춘 지도자의 모습을 보았다. 특히 이 시기에 혈혈단신으로 왜군의 점령지역인 상주로 들어가 스스로 군을 조직하고 올바른 전략전술과 목숨을 내건 실천으로 상주성을 구하였고 그 군대가 정부로부터 감사군의 칭호를 받았다는 것은 조직가로서의 정기룡의 모습과 더불어 한 인간이 역사를 만들어 내는 참으로 위대한 모습이라 볼 수 있다.

　이 시기에 그의 이러한 인품을 볼 때 3년 후 97년 8월에 28개 군(郡) 군사를 지휘하여 왜적 수만명을 궤멸시키는 용담천 전투는 이미 예견된 것이었다. 그는 1594년-1597년(33살에서 36살)까지 동안에 상주목사로 있으면서 생산과 교육과 군사에 갖은 힘을 기울인다.

　용담천 전투 전투에서도 역시 그는 지장과 용장으로서의 역할을 확실하게 보여주고 있다. 28개 군의 군사를 거느린 장군이었지만 정기룡은 먼저 용맹을 발휘함으로써 군사의 사기를 높여 주고 있다.

"28명의 부하 군관을 모아놓고 내일의 전략을 일일이 지시했다. 정기룡은 전군을 이끌고 진군하였다. 왜군도 병력 수 만명을 동원하여 용담천(龍潭川) 주변에 진을 치고 맞섰다. 정기룡군과 왜군은 용담천을 사이에 두고 일진일퇴를 거듭하며 맞섰다.

정기룡은 강물을 사이에 두고는 진퇴가 불리할 것으로 판단하고 적군을 강 건너 이쪽으로 꾀어내기로 작정하였다. 안동 능정군(安東稜挺軍)으로 하여금 중로에 복병(伏兵)하게 하고 정기룡의 군사는 거짓 패전한 것처럼 후퇴를 시작했다. 이동현(李同峴) 아랫벌판에 이르자 왜병이 벌때처럼 뒤 쫓아왔다. 꼭 싸우기 좋을 만한 곳에 이르러 정기룡은 말머리를 돌려 적병을 맞이했다.

정기룡은 군사들에게 북을 울리게 하고는 큰칼을 휘두르며 적진으로 뛰어 들었다. 그러자 흰 말에 붉은 옷을 입은 적장(敵將)이 긴 칼을 빼어들고 나는 듯이 정기룡을 향하여 달려 들었다. 그의 칼끝과 마주쳐 잠시 동안 불꽃이 일더니 어느덧 적장이 긴칼을 손에 쥔 채 정기룡의 겨드랑 아래 꼼짝도 못하고 매달려 있었다.

정기룡은 말 위에서 적장을 사로잡아 아군의 깃대위에 이 적장을 꽁꽁 묶어 높이 달아올렸다. 본시 이 적장은 왜군 중에서도 가장 용감한 자로 모든 왜적들이 그를 믿고 싸웠으나 그가 사로잡힌 것을 보자 모두 넋을 잃고 겁을 먹어 버렸다."

그러나 1991년 걸프전을 CNN 뉴스를 통해 안방에서 시청했던 우리에게 이러한 전쟁의 기록자체가 소설처럼 느껴질 수 있다. 왜냐하면 현대전은 마치 컴퓨터로 전쟁놀이 하듯 단추만 누르면 미사일이 뜨고 수백km 떨어진 곳에도 비행기가 순식간에 가서 폭탄을 투하하는 것이기 때문이다. 이러한 전쟁형태에 익숙한 우리들이 장수들간에 1:1로 칼싸움을 한다는 것은 아무리 역사기록이라 하더라도 쉽게 이해하기 어렵다. 과거의 역사기록들 대부분 수십만이 싸워 승패를 결정한 것을 소수의 몇사람이 승리한 것처럼 만들어 놓는 신비주의적 경향이 있다.

이러한 의혹을 감안하고 정기룡의 기록을 접근해 보아도 이 역사기록은 상당히 사실에 근접해 있음을 발견한다. 과거의 전쟁에서 특히 양측이 수만씩 한공간에서 접전을 하는 경우 군지휘부에서는 깃발, 종과북, 나팔 등으로 명령을 전달한다. 이를 통해 각 부대의 대오는 앞으로 나가거나 퇴각하기도 하며 대열을 변화시키기도 하는 것이다. 이것은 이러한 전달수단 이외에 전투를 지도할 구체적인 다른 통신수단이 없었기 때문이다. 그러므로 수만씩의 대병력이 한 공간에서 대접전이 붙을 경우, 처음 전투를 시작할 때는 아군과 적군 쌍방간에 대장이 나오거나 내노라 하는 양측의 무예고수들이 수명씩 나와 서전(緖戰)을 알리며 시작을 한다. 그 다음 양측의 군사들이 전면적으로 뒤엉켜 붙는 본격전으로 진행되는 것이 대부분이었다.

이처럼 서전(緖戰)의 승패 결과는 본격전에 큰 영향을 미치게 된다. 그러므로 과거의 전쟁에서는 무예가 탁월한 개인이 오늘날에서 보다 전쟁터에서 큰 역할을 하였던 것이다. 우리가 잘 아는 화랑 관창이 황산벌 싸움에서 16세의 나이로 이러한 쌍방의 접전인 서전(緖戰)에 나가서 싸우다가 사로잡히자, 계백장군이 너무 어려 살려 보내지만 다시 재돌격하여 목만 돌아와 이를 본 신라군이 분개와 용맹성으로 백제를 물리친 역사가 잘 알려진 것도 바로 과거 전쟁의 형태가 이러했기 때문이다.

우리가 과거의 전쟁사를 바라보는데 신비주의도 경계해야 하지만 무전기라든가, 전화 등의 현대전 사고방식을 가지고 접근하는 것도 안된다. 이러한 과거 전쟁에 대한 이해 속에서 정기룡의 기록을 보면 그는 전쟁시작부터 항시 선봉에 서서 싸웠으며, 수만의 양측 대군이 붙는 용담천의 대전투에서도 28개 군의 부대를 이끄는 장군으로서 서전(緒戰)에 나가 싸워 적장을 사로잡고 본격전에 들어가야 하는 조선군에 사기를 높여 주었던 것이다.

이처럼 정기룡은 일관되게 앞장서서 적장을 사로잡거나 물리침으로서 무관으로서 모범과 함께 부하들의 사기를 높여 그의 지휘를 따르는 군사들에게 자신감을 심어주어 군사들이 작전대로 최대한 힘을 발휘할 수 있도록 하였던 것이다. 이 전투가 그의 나이 36살 때의 일이다.

5) 명장을 따르는 군대의 위엄

우리는 보은 전투에서 한 장군과 그를 따르는 군사들의 위대한 모습을 다시 한번 만나게 된다.

"보은(報恩) 지경에 적군이 닷새 동안이나 머물고 있다는 정보를 얻었다. 새벽에 척후장 이희춘을 시켜 탐지케 하였더니 때마침 안개가 끼어 지척을 분간할 수는 없었으나 다만 군마 소리와 달구지 소리가 하늘을 진동하였다. 적장 가또오(加藤淸正)가 호남을 거쳐 서울로 올라가다가 직산(稷山) 싸움에서 패배하여 남하하고 있는 중이었던 것이다. 안개가 걷히고 보니 적병의 행군(行軍)이 들을 메워 끝이 없었다. 이를 본 모든 병사들은 넋을 잃고 두려워 어찌 할 바를 몰랐다. 정기룡은 홀로 침착하게 3, 4백보 앞으로 나아가 수십 개의 화살을 쏘아 보내니 화살마다 어김없이 적병을 맞혀 거꾸러뜨렸다. 적군이 행군을 멈추고 이쪽을 바라보니 정기룡이 꿈쩍 않고 혼자서 버티고 서 있는 것이 아닌가. 그리고 장군의 뒤에는 대오를 정제(整濟)한 병사들이 또한 태연하게 버티어 움직일 기색조차 보이지 않고 대치하고 있었다. 이 광경을 본 가토오(加藤淸正) 군은 그들 앞을 막아선 조선군의 대비 태세가 견고한 것으로 알고 함부로 군사를 움직이지 못하였다. 이러한 지연전술로 인하여 가토오군을 이틀 동안을 감히 움직이지 못하게 하였다.

 그 동안 정기룡은 상주로 말잘타는 군사들을 보내어 모든 주민을 피난하게 하였다. 왜군은 텅빈 상주를 거쳐 울산(蔚山)으로 들어갔다. 본시 그의 덕망을 흠모하여 수십만의 피난민이 상주로 몰려와 있었기 때문에 왜군의 피해를 미리 막기 위해서 시간적인 여유를 얻으려고 그같이 버티고 있었던 것이다."

그가 거느린 군사는 겨우 4백 명에 불과했고 이 인원으로 수만의 가토오 군과 대치하여 이틀 동안 움직이지 못하게 하였다니, 이는 감사군만이 전쟁터에서 할 수 있는 일이다. 맨 앞에 서서 꿈쩍 않고 버티고 있는 장군과 뒤에는 대오를 정제(整濟)한 채 태연하게 움직일 기색조차 보이지 않고 버티고 있는 병사들, 이는 위대한 장수만이 전쟁터에서 조직할 수 있는 최고의 부대인 것이다. 전 병사들이 죽음을 각오하지 않으면 400명으로 수만명과 대처한다는 것은 불가능하다. 이들에게 상주에 있는 수십만명의 피난민들의 생사가 자신들에 걸려 있다는 책임감과 장군을 따라서는 죽음도 두려워하지 않는다는 정신이 없었다면 태연하게 버틸 수 있는 힘이 있었겠는가.

3. 현대의 명장을 기다리며

　7년 동안 정기룡은 60차례의 대소전투에서 항상 적은 병력으로 많은 적을 격파하였으며, 한번도 패한 일이 없었다. 임진왜란이 끝난 후 그는 선무1공신 제5위에 기록된다. 전쟁이 끝난 후에도 그는 국방의 요직을 맡으며 군비정제와 국방의 임무에 충실하다 통영에서 61살의 나이로 임종한다. 그의 죽음을 들은 백성들은 심산궁곡(深山窮谷)에서까지 통곡을 하였고 조정에서는 조회를 파하고 조의를 표했다 한다.

　정기룡을 재조명을 읽으면서 무인의 위상과 장수로서 갖추어야 할 인품과 덕목에 대해 많이 생각해 볼 기회가 되었을 것이다. 한시대의 명장은 쉽게 되는 것이 아니다. 끊임없이 자신의 인격을 닦으면서 사선을 넘나드는 전쟁터에서 흔들림 없이 애국과 애민의 열정으로 선두에서 군사를 지휘하고 조직할 때 병사와 백성들로부터 신망받고 존경을 받게 되는 것이다.

　우리에게 정기룡과 이순신 같은 명장이 있다는 것은 역사 있는 민족만이 가질 수 있는 행복이자 자부심이다. 정기룡 장군을 재조명한 까닭은 현대를 살아가는 군인, 경찰 그리고 무예를 수련하는 젊은이들에게 이 시대에 따라 배울 수 있는 사람이 없다고 하지 말고 장군이 살았던 삶의 모습을 읽고 또 읽어 수십번을 읽어서라도 그의 풍모를 배우자는 뜻을 알리고자 함이다.

　바로 이시대에 군인과 경찰 그리고 무예를 하는 사람들이 위대한 장군의 삶을 나침판 삼아 나갈 때 훌륭한 무인이 나올 수 있고 이는 바로 이 민족의 미래를 밝게 만드는 것이다.

제 4 편

조선의 무인과 무예제도의 현대적 의의

1. 조선시대 무예제도의 재평가

 조선시대에는 무(武)와 무인을 천시하여 그 무예도 활쏘기 하나밖에 없어서 별로 배울 것이 없다고 주장하는 사람들이 있다. 이는 우리의 역사가 일제시대를 거치면서 많은 부분 왜곡되고 단절되어 나타나는 안타까운 현상이다.
 간단하게 현대의 사회, 정치, 경제의 현황을 불과 50년 전과 비교해 보더라도 상상할 수 없을 만큼 달라져 있음을 알 수 있다. 그런데 흔히들 조선시대는 하나의 체계로 수백년 변함없이 흘러왔으며, 변화가 있더라도 그 폭이 현재만큼 큰 것은 아닐 것이라고 단정한다. 그러나 16세기 후반 임란 초기에 당파싸움으로 분열되어 정부에서 1000명의 병력도 제대로 운영하지 못하던 상황과 15세기 중반의 120만의 장정을 군역(軍役)으로 장악하고 운영하여 북방으로부터의 침략을 막아낸 상황은 본질적으로 다른 것이다.
 이렇게 집권세력이나 시대에 따라 천양지차(天壤之差)가 남에도 500년 역사로 지속되었던 조선의 무예와 문화를 한마디로 재단하는 것은 바람직하지 못한 것이다.

실제로 현대의 무인(군인, 경찰, 무예인)들이 역사를 통해 배운다는 입장에서 15세기를 보면 참고할 것이 참으로 많다. 우선 동양의 중요한 전쟁들을 서로 비교하면서 수록한 역대병요(歷代兵要)[1]와 전쟁터에서 장수들이 견지해야 할 품성과 각오와 교양이 담긴 병장설(兵將說)[2]과 유장병법대지(諭將兵法大旨)[3] 등은 이 시대에 이론적으로도 참고할 충분한 가치가 있는 것이다. 더우기 무경(武經)은 1457년(세조 2년)에 정3품 무관인 상호군(上護軍) 배담(裵湛)이 조선의 병서를 직접 편찬한 것으로 실기 위주로 흐르고 있는 이 시대의 무인들에게 많은 시사점을 던져준다. 이러한 것을 고려 해 볼 때도 단순히 조선시대가 무인을 천시했다고 한마디 툭 던지는 것은 너무 무책임하고 역사를 왜곡하는 것이라 말하지 않을 수 없다.

역사를 공부하는 이유는 과거를 보면서 현재를 평가하고 올바른 미래의 계획을 세우기 위한 것이다. 과거의 무예가 현재보다 잘못되었다면 배울 것이 없겠지만 그러나 현재의 무예가 그 정신과 기술면에서 완벽하지 않으면서도 과거의 것을 발견하고 개발하려고 노력하지 않는다면 잘못이다. 우선 제도적인 면에서 428년간 시행된 과거

---

[1] <역대병요> : 1450년(세종 32) 세종이 정인지(鄭麟趾), 유효통(兪孝通), 이석형(李石亨) 등에게 명해 역대의 전쟁과 그것에 대한 선유(先儒)들의 평을 집성하도록 하고, 친히 '역대병요'라고 책명을 붙였다. 중국의 ≪황제탁록 黃帝□鹿≫에서 시작해 태조 이성계의 전적까지 수록하였다. 이후 1456년(세조 2)에는 왕명으로 내용이 너무 번다하다 하여 원본을 간략히 줄여 무신들에게 교육할 것을 명하였다. 우리 나라의 전사(戰史)를 따로 정리한 ≪동국병감 東國兵鑑≫을 비롯해 세조의 ≪병장설 兵將說≫ 등과 함께 전사와 전쟁 일반론에 대한 조선 초기의 인식을 전해 주는 책이다.

[2] <병장설> : 1464년에 최항·한계희·강희맹 등이 세조가 지은 유장편(諭將篇)과 병법대지(兵法大旨)를 어제병장설(御製兵將說)과 합하고 새로 교정하여 간행했다.

[3] <병법대지>는 1464년 세조가 저술한 병서로서 이전에 지은 <유장편>과 합하여 <유장병법대지>라 한다. 병장설이나 유장편이 장수에 대한 병법이론을 다루었다면 병법대지는 군사 조직의 운영 및 전술논리에 대해 다루고 있다. 조직 및 명령 체계, 기율 등에 통합과 분할의 원리를 적절하게 구사해서 대처하는 방법이 수록되었으며, 비상사태가 발생해서 많은 병력을 동원하여 대처해야 할 때 위(衛)·부(部) 등의 조직 및 명령 체계 기율을 어떻게 잡는가에 대한 군사이론을 집대성하였다.

제도에 기본적으로 관철된 문무겸존의 정신은 이 시대에 반드시 이어가야 할 정신인 것으로 생각된다.

2. 조선시대의 무인

1) 무인(武人)에 대한 인식

조선시대 무인하면 그 상(像)이 구체적으로 쉽게 떠오르지 않는 것이 사실이다. TV 사극에서 자주 삼지창(당파, 鐺鈀)을 들고 대문에 서 있는 포졸이 생각나기도 하고, 무인(武人) 정치가를 떠올리기도 한다. 수년 전 한 학생이 "조선시대는 무인들 중에 축지법을 쓴 사람도 있다는 말을 들었는데 사실이냐?" 라는 질문을 하여 어리둥절한 적이 있다. 그 학생이 이러한 질문을 하게 된 원인은 두 가지라는 생각이 든다. 하나는 조선시대의 무인에 대한 연구가 활발하게 이루어지지 않았기 때문이요, 또 하나는 무인에 대한 이야기가 임진왜란이나 병자호란 등의 국난을 겪으면서 민중들 속에 과장되게 회자되어 전설이나 설화로 내려오고 있기 때문이다.

현실적으로 문인들은 정치의 중앙에서 제반의 사회, 경제 문제를 다루었고 또한 저술활동을 통한 책들이 있어 연구할 수 있는 조건이 무인에 비해 충분하게 갖추어져 있다. 그러나 무인의 경우 특출한 사람 몇명을 제외하고는 자료가 미비하여 연구하기 어려운 것이 현실이다. 이러한 이유로 현대인들의 무인에 대한 인식은 구체적이기보다는 추상적이고 다분히 신화적이거나 신비적인 경우가 많다.

그러나 실제 조선시대 무인들은 무과를 통하거나 기타의 시험을 통하여 무관이 되었으며, 이들을 무반(武班)이라 불렀고 중앙관직, 지방관직, 군관 등으로 진출하였던 것이다. 그러므로 축지법을 쓴다던가, 주로 문인을 수행하는 일을 하였다던가 하는 것은 모두 사실과 거리가 먼 것으로 볼 수 있다. 그러나 출신이 다르듯이 문인처럼 차분하고 얌전한 성격은 아니었으리라고 보여진다.

『조선의 궁술(弓術)』[4]에 나오는 유응부(兪應孚)에 관한 기록을 보면서 조선시대 무인상을 대충 그려보면 좋을 듯하여 적어 본다.

유응부는 키가 컸으며 용모가 엄숙하고 장했고 날래서 능히 담장과 지붕을 뛰어넘었다. 활을 잘 쏘았고 무과에 올랐는데, 세종과 문종이 아꼈다. 성품이 효성스러워 어머니의 마음을 위로할 만한 일이면 무슨 일이든 다 했다. 아우 응신(應信)과 함께 활쏘고 사냥하는 것으로 세상에 이름이 났으니 짐승을 만나서 쏘면 맞지 않는 것이 없었다. 어머니가 일찌기 포천의 농장(田庄)에 다녀올 때면 형제가 따라가는데 말위에서 몸을 돌이켜 기러기를 쏘면 시위를 놓자마자 떨어지니, 어미가 크게 기뻐하였다.

세조 2년에 성삼문, 박팽년과 함께 반정을 꾀하다가 화를 당했다. 이 일로 주모자 6명이 국문을 받았다. 세조가 친히 국문에 나서 말하기를 "너는 상왕(단종)을 복위시킨다는 명분으로 사직을 도모하려고 한 것이 아니냐?" 하고는 살가죽을 벗기게 하였으나 불지 않으며 성삼문에게 말하기를 "사람들이 일개 서생들과는 함께 일을 도모할

---

4) <조선의 궁술>: 이중화(1881~미상)가 우리나라의 활에 관한 전반적인 사항을 기록하여 1929년에 간행한 궁술지침서. 이중화는 1881년에 태어나 흥화학교 교사, 배재학당 교사를 거쳐 1929년 『조선어사전』(뒷날 한글학회의 『큰사전』) 편찬집행위원, 1936년 이 사전 전임 집필위원 및 조선어표준말사정위원을 지냈는데, 사전 집필에서 특히 옛 제도어, 음식용어들의 풀이를 맡았다. 1942년 '조선어학회사건'으로 검거되고, 광복 후 국학대학장, 1949년 재단법인 한글학회 대표이사를 지내다가 6·25 때 납북되었다. 저서로 『경성기략(京城記略)』, 『조선의 궁술(弓術)』 등이 있다. 2013년 건국훈장 애족장이 추서되었다.

수 없다고 하더니 과연 그러하구나!" 하고 세조에게 말하기를 "만일 이 사실 밖의 일을 알려고 하거든 저 쓸모없는 선비들에게 물어보라." 하였다. 세조가 더욱 성이나서 벌겋게 달군 쇠를 가져다가 그의 배밑을 지지게 하니 기름과 불이 이글이글 타올랐으나 얼굴빛 하나 변하지 않고, 쇠가 식기를 기다려 "이 쇠가 식었으니 다시 달구어 오라." 하고는 끝내 굴복하지 않고 죽었다.

그는 효성이 지극하여 집이 가난하였으나 어머니를 봉양하는 준비는 부족함이 없었으며 지극히 청렴하여 벼슬이 2품이면서도 거적자리로 방문을 가렸고 고기없는 밥을 먹었다. 때로 양식이 떨어지기도 하니 처자가 이를 원망하고 있었는데, 그가 죽던 날에는 그의 아내가 길가던 사람에게 말하기를 "살아서 남에게 의지한 적이 없었는데, 죽을 때는 큰 화를 입었구나!" 하고 탄식하였다. 관에서 가산을 몰수하는데 방안에는 떨어진 짚자리만 있었다.

이와 같이 무인은 무예를 하면서 성장을 하였기 때문에 그 성격이 기본적으로 강직하고 용감한 특성을 갖고 있다. 또한 책만을 주로 읽는 문인과는 다르게 사냥이나 무예를 즐겨하였다고 볼 수 있다.

2) 무인들의 무예수련 목적

현대인들이 무예수련을 하는 목적은 대부분 건강유지, 타인의 공격으로부터 자신을 방어할 수 있는 능력향상, 삶의 자신감 획득 등 개인 건강과 정신적 필요 때문이고, 일부는 경기나 올림픽 등에서 우승이라는 목표를 세우고 하기도 한다.

그런데 조선시대 사람들의 무예 수련 목적은 무엇이었을까? 생각하기에 따라 복잡하겠지만 한가지 단언할 수 있는 것은 현대사회에 비해 간단하고 분명한 목적이 있었다는 점이다. 바로 무예를 열심히 수련해서 무과시험에 합격하면 평생 직업을 얻을 수 있었다는 것이다. 직업은 인간의 생존을 좌우하는 문제로 어느 시대 누구에게나 큰 비중을 차지한다. 따라서 조선시대 무예수련은 현재와 같이 취미로 하는 형태보다 몇배 더 치열할 수 밖에 없었다.

조선시대 무과는 정기적으로 3년에 한번씩 실시하였고, 그외에 별시무과를 실시하였다 하더라도 자주 한 것은 아니었다. 당시의 인구를 감안하더라도 현대사회 직업의 다양성을 고려한다면 그 경쟁의 정도는 오늘날 여러 국가고시를 훨씬 능가하는 것으로 볼 수 있다. 이렇게 생각해 본다면 조선시대 사람들이 무과에 급제하기 위해 얼마나 무예수련을 열심히 했는지 충분히 짐작할 수 있을 것이다.

경국대전에 의하면 무반의 정직녹관수(正職祿官數)는 문반에 비해 적었지만, 실직수(實職數)에 있어서는 문반이 821명이고 무반이 1597명으로 문반보다 두배 이상 많았다 한다. 따라서 3년에 한번씩 28명을 뽑는 무과 식년시로는 필요한 인원을 다 채우기가 어려웠기 때문에 조선시대에는 무과별시(武科別試)가 따로 시행되었다. 이러한 상황과 현실의 경쟁력을 보면 부정기적으로 치루는 과거가 정기적으로 치루는 식년시보다 2.7배 많이 개설되었고 그 경쟁률이 500:1로 대단히 심했다고 한다.[5] 한 예로 순종 정시(庭試)의 초시(初試)는 합격자가 80명인데, 시험에 응시한 거자(擧子)가 무려 12000명이라 하였다.[6]

이처럼 무과에 많은 인원이 몰렸던 이유는 무과에 급제하여 무관이 되는 것은 개인적으로는 영광이요 가문으로서는 경사였기 때문이

---

5) 김영모, 조선지배층 연구, 일조각, 1986.
6) 조선조 무사체육에 관한 연구 p 105.

다. 국가의 입장에서도 유능한 무관이 많이 배출될수록 국가의 무장력이 강화되는 것이므로 무과를 중시하였다. 따라서 조선시대 무인들에게 있어서 무예수련의 목적은 개인적으로는 직업을 얻기 위함과 동시에 무관으로, 정부의 관료로 진출하기 위한 것이었다.

3) 무과의 시험범위

조선시대에 과거가 실시된 428년[7] 기간을 볼 때 시대별로 약간씩 차이는 있으나 대체적으로 조선시대의 무과시험 과목은 실기로는 활의 종류인 목전(木箭), 철전(鐵箭), 편전(片箭)과, 말을 타고 무기를 들고 하는 기사(騎射), 기창(騎槍), 격구(擊毬)였다. 그리고 조선 후기에 조총(鳥銃)[8]과 혁편추(革鞭芻)[9]가 추가된다.

이론으로는 사서오경(四書五經)[10] 중 자신이 원하는 책 한권, 무경칠서(武經七書)[11] 중 하나, 병요(兵要), 통감(通鑑)[12], 장감박의(將鑑博議)[13], 무경(武經), 소학(小學) 중에서 원하는 바 하나를 선택하고, 또 별도로 경국대전(經國大典)을 시험본다.

무과시험에 체택된 과목은 크게 조선에서 직접 편찬한 서적과 중

---

7) 조선의 과거제는 1396년(태조 4) 식년시부터 1894(고종 31) 식년시까지 시행되었으며, 1894년 갑오개혁으로 폐지되고, 이후 관리임용권은 총리대신을 비롯한 각 아문(衙門, 6조의 후신인 8개 아문) 대신들에게 부여되었다.
8) 100보 밖에서 조총으로 표적판(길이 7척, 넓이 2척)에 세 발을 쏘게 하여 평가함
9) 말을 타고 28보 거리로 좌우에 배열된 표적물을 채찍으로 치게 하여 평가함
10) 사서(四書)는 대학, 논어, 중용, 맹자; 오경(五經)은 시경, 서경, 주역, 예기, 춘추.
11) 육도(六韜), 삼략(三略), 손자(孫子), 오자(吳子), 위요자(尉繚子), 사마법(司馬法), 이위공문대(李衛公問對).
12) 중국 송나라 때에 소미 선생 강지(江贄)가 《자치통감(資治通鑑)》을 요약한 책. 편년체로 되어 있으며, 우리나라에서는 조선 초기부터 《통감》이라는 이름으로 초학(初學) 교재로 널리 쓰였다.
13) 중국 송나라 때의 대계(戴溪)가 춘추 전국 시대의 손무부터 오대(五代)의 곽숭도(郭崇韜)까지 역대 명장들을 다양한 측면에서 논한 책.

국의 서적으로 구분된다. 조선에서 편찬한 책들로서는 무경(武經)과 병요(兵要)와 경국대전(經國大典)이 무과에 들어가 있다. 우선 경국대전은 성종 때 완성된 것으로서 조선의 사회제도와 법률을 다룬 법전류의 책이다. 그리고 병요(兵要)는 1456(세조1)년에 세조가 편찬한 것으로서 조선과 중국의 역대 중요한 전쟁들을 서로 비교하면서 수록한 전쟁사이다. 무경(武經)은 무관이 직접 만든 것으로 1457(세조2)년 배담(裵湛)[14]이 저술한 병서이다. 그리고 무경칠서(武經七書), 사서오경(四書五經), 장감박의(將鑑博議), 소학(小學), 통감(通鑑) 등은 중국의 병서, 역사, 도덕과 교양에 대한 내용들이다.

이처럼 무과시험의 이론 내용은 조선의 병서, 사회제도, 법률, 전쟁사 등과 중국의 병서, 역사, 도덕과 교양 등으로 범위가 상당히 넓고 내용의 깊이도 꽤 있는 책들이다.

실기는 주로 활쏘기, 말타고 활쏘기, 창쓰기 등으로 한가지를 배우는데 만도 많은 시간이 걸렸을 것이다. 조선 철종 때 배익환(裵益煥)은 "나이 20살에 비로서 활쏘기를 배웠는데, 활쏘기를 배우는 날에 과녁을 50걸음 밖에 놓고서 활을 가득 당긴 힘으로 쏘아서 매 15일 뒤에는 한 걸음 뒤로 옮겨서 쏘았는데, 5년을 그렇게 해서 120걸음에 이르렀다"[15]고 한다. 한 종목을 하는데 이러한 노력과 시간이 걸리는데 말을 타고 활을 쏘는 것은 말이 움직이는 상태에서 쏘는 것이다. 훨씬 고난도 기술 수준을 요구하는 말타고 활쏘기는 더 많은 시간이 걸렸으리라고 생각된다.

문과의 경우 준비기간이 20~25년 걸린다고 하는데, 무과 급제자의 평균 연령이 32.8세 문과 급제자는 33.8세인 것을 보면 무과의 준

---

14) 상호군(上護軍) 오위(五衛)에 속하는 정3품 무관
15) 정명진, 우리활 이야기, 학민사, 1996. pp253-254.

비도 상당기간 걸렸다고 볼 수 있다. 이로 볼 때 무과준비를 위해 무예를 수련하고 이론을 공부한 기간은 최소 10년은 걸렸을 것으로 생각된다. 그리고 전국에서 우수한 인재를 등용하는 것이므로 각 종목별로 상당한 실력을 갖추지 않으면 안되었을 것이다.

4) 무과 교육기관은 없었는가?

그러면 사회에서 가장 능력과 자질을 인정받고 출세가 보장되는 문과와 무과에 급제하기 위해서 자발적으로 준비했는가 아니면 이의 준비를 위한 교육기관이 있었는지가 관심의 대상이 된다.

문과의 경우에는 7, 8세 이전에 각지에 무수히 사설(私設)된 서당(書堂)에 들어가 한문(漢文)의 초보와 습자를 배우고, 또 15, 6세 이전에 중앙(中央)은 사학(四學)[16], 지방은 향교(鄕校)에 들어가 학업을 닦았으며 그뒤 수년내에 과거의 소과(小科)에 응시하는 것이 보통이었다. 소과에 합격이 되면 생원(生員), 진사(進士)의 칭호를 받고, 성균관(成均館)에 들어가는 자격을 얻는다.

교육기관으로서 성균관과 사학은 중앙정부에 직속되고, 향교는 각 주현(州縣)에서 관할하였다. 이와같이 유학을 중심으로한 문과 계통의 교육기관은 중앙과 지방에 걸쳐 매우 활성화 되어 있었다.

무과(武科)의 경우도 사회에서 차지하는 비중을 볼 때 현대의 사관학교와 같은 무관학교가 있을 법도 하지만, 조선시대에는 무과시험을 위한 전문교육기관을 두지 않았다. 임진왜란을 겪으면서 선조가

---

[16] 고려말 문익점과 정몽주가 (동서남북, 중앙의) 각 부마다 학당을 두는 5부학당제를 건의하여 1390년(공양왕 2) 5부학당을 설립하고, 다음해 사립학교인 12공도를 혁파했다. 조선도 이를 계승하여 5부학당을 두었으나 북부에는 학당을 두지 않아 이후 사부학당, 또는 사학(四學)이라고 부르게 되었다

무비(武備)의 필요성을 통감하여 무학(武學)을 설치[17]하지만, 이것 또한 문과의 성균관과 같은 무과교육을 위한 별도의 학교기관이라기보다는 병사들의 훈련기관에 가까왔다.

그러나 '무관 양성을 위한 무학(武學)을 별도의 학교로 설립해야 하느냐?' 하는 문제(무학 별설문제)는 조선시대 내내 끊임없이 논란이 되었으니,[18] 그 핵심은 문무일체(文武一體)의 도에 맞느냐 하는 문제였다.

세종·세조대에 박아생(朴芽生)과 양성지(梁誠之)는 '문무병중(文武幷重)의 원칙에 따라, 묘학(廟學)의 구조를 갖춘 성균관·향교의 제도를 준용하여 훈련관에 무묘(강태공(姜太公)의 사당인 무성왕묘(武成王廟, 약칭 武廟)를 설립함으로써 훈련관을 명실상부한 무학으로 발전시키자'는 무학별설론(武學別設論)을 주장하였다. 그러나 이 주장은 무묘를 별도로 건립하면 '공자는 문(文)을 전업(專業)으로 하고, 태공은 무(武)를 전업으로 한 것이 되어 문무일체(文武一體)의 도에 어긋난다.'는 반대론에 부딪혀 실현되지 못했다.

그러다가 선조대에 무학이 창설되자 무학교육의 근본인 무성왕묘가 설립되지 않았다는 이유로 성여신(成汝信, 1546-1632)이 다시 무학별설론을 제기하였고, 18세기 중반에 이르러 이익(李瀷, 1681-1763) 등이 계속 제기하였지만, '문무의 도는 본래 둘이 아니고, 학교도 두 종류가 있을 수 없다.'(유형원(柳馨遠, 1622-1673)는 무학 별설 반대 논리가 조선시대 내내 여전히 우세하였다.

---

17) 선조(宣祖) 28년 7월 "정원에 말하기를 우리나라가 문폐(文弊)가 매우 심하니 서원(書院)이라도 관계치 말고 혁파하여 각도의 대도호부에 마땅히 훈련관과 같은 무학을 세워서 병사를 양성하고 무학을 연마케 하라."고 조서를 내렸다.<조선조 무사체육에 관한 연구>.
18) 조선시대 무학 별설론(武學別設論) 연구, 박종배(Jong Bae Park), 한국교육사학 36권 4호(2014년 12월 한국교육사학회 발행)

결국 조선시대의 무과제도는 별도의 전문교육기관과 없이 운영되었으며, 여러 무학 기관들은 다만 병사들의 전문군사훈련기관으로 운영되었다.

5) 무예수련 방법

조선시대에 문무를 겸한 복합적인 교육기관이 존재하지 않았다면 그 많은 무인들이 어디서 어떻게 이론과 무예수련을 하였는가가 매우 궁금한 일이 아닐 수 없다. 무과제도라는 사회제도는 만들어 놓았지만, 교육과 연관없이 진행된 조선시대 무인의 훈련과정을 이해하기가 쉽지 않은 것이다.

즉, 사서오경(四書五經), 무경칠서(武經七書), 통감, 장감박의, 무경, 소학, 경국대전을 보는 이론 준비와 목전(木箭), 철전(鐵箭), 편전(片箭), 기사(騎射), 기창(騎槍), 격구(擊毬), 조총(鳥銃), 혁편추(革鞭芻) 등을 보는 무예는 어디에서 어떻게 수련을 하였을까.

각 개인이 알아서 학문과 무예를 닦았던 것으로 보이는데, 이론은 서당이나 향교를 통하여 기본적인 것을 배우고 주변사람의 도움을 받아 공부하였을 것으로 짐작할 수 있다. 그러면 무예는 어디서 누구에게 배웠을까? 이것은 현재까지 밝혀지고 연구된 바가 별로 없다.

추측컨대 우선 무예를 익히기 쉬운 환경에 있던 무관의 가정은 부자지간(父子之間)이나 형제지간(兄弟之間)에 무예수련이 이루어졌을 것으로 판단된다. 다음의 사례는 부자지간(父子之間)에 전수되는 과정을 나타내고 있다.

최윤덕[19] 전을 보면,

---

19) 최윤덕은 세종조 1402년과 1410년 두차례에 걸쳐서 무과에 급제하고 관직은 좌의정까

"최윤덕은 자라면서 힘이 뛰어나 강한 활을 당겨 명중시킬 수 있었다. 그는 때때로 양수척(楊水尺)을 따라 사냥을 하였다. 하루는 그가 혼자서 산속으로 들어가 사냥을 하다가 갑자기 큰 짐승을 만났는데, 그 짐승이 숲 속에서 뛰어나오니 여러 짐승들이 사방으로 도망하였다. 이를 본 최윤덕은 화살 한개로 그 짐승을 쏘아 죽이고 집에 돌아와서 양수척에게 말하였다. '산 속에서 얼룩무늬가 있는 짐승을 만났는데, 몸집이 상당히 컸습니다. 그것이 무슨 짐승입니까? 내가 그놈을 쏘아 죽었습니다.' 이 말을 들은 양수척이 달려가 보니, 그 짐승은 큰 호랑이었다. 양수척은 놀라고 기이하게 여겼다.

이 때 최윤덕의 아버지 최운해는 합포(合浦)를 지키고 있었는데, 양수척은 최윤덕을 데리고 합포로가서 최운해에게 윤덕이 뛰어난 용맹을 지니고 있다고 말하였다. 그 말을 들은 최운해는 '내가 시험을 해 보겠다.' 하고는 아들을 데리고 사냥을 나갔다. 최윤덕이 좌우로 달리면서 활을 쏘니 백발백중이었다. 최운해는 그러한 아들을 보고 웃으면서 말하였다. '이 애의 솜씨는 비록 민첩하나 아직 근본 법칙을 모르고 있으니, 지금 그것은 사냥꾼의 재간에 지나지 않는다.' 최운해는 그때부터 아들에게 활쏘는 법과 말타는 법을 가르쳐, 마침내 (7년 후) 최윤덕은 무과에 급제하였다."

난중일기에 이순신이 자신의 아들에게 무과 초시에 필요한 기사(騎射)를 직접 연습시키는 대목이 나오고 있다.

"사청(射廳)에 나아가 아이들의 말달리며 활쏘는 것을 보았다. 식후 사정(射亭)에 나가 아이들에게 활쏘기를 익히고 말을 달리며 활쏘는 것을 연습시켰다."

지 올라간 장수이다.

부자지간의 전수에서 이순신의 경우 구체적으로 말을 타고 활을 쏘는 것을 가르쳤다는 것을 알 수 있고, 최운해의 사냥꾼의 재주에 불과하다는 말에서 알 수 있듯이 과거에 급제하기 위해서는 활쏘기가 더욱 정교해야 하며 활쏘기 하나만으로 안 됨을 잘 나타내 주고 있다. 또한 근본법칙을 모른다는 것은 무예의 실기와 무과 이론을 말하는 것으로 보여진다. 이것으로 볼 때 최윤덕은 아버지에게서 체계적으로 무예를 배웠으며 그 과정이 그리 간단한 것은 아님을 알 수 있다.

다음으로 무예를 익힐 수 있는 무관의 자제가 아닌 경우는 스스로 무예를 닦은 것으로 생각된다. 자료가 없는 관계로 누구에게 배웠는지 이러한 것은 알 수 없다. 다만 다음의 사례를 보면서 무예 수련을 생활 속에서 어떻게 하였는가 하는 것을 알아 볼 수 있다.

이석정은 완산 사람이다. 힘이 남달라서 강궁을 당겼으며 종일토록 과녁을 쏘는데 한발도 빗나가는 것이 없었다. 세종이 소문을 듣고 후원에 과녁을 설치하여 쏘게 하니 종일토록 한 발도 땅에 떨어지지 않았다. 아침을 먹으면 말을 타고 활을 잡고 살 여러대를 끼고 나가서 정오가 되기 전에 돌아오는데 화살의 수와 꼭 같이 꿩과 기러기를 잡아왔다. 세조가 난을 일으켰을 때 연일로 귀양갔다가 죽음을 당했다.

배후문은 이석정(李石貞)과 함께 활을 잘 쏘아 한 때 이름을 날렸다. 활쏘는 것을 일삼아서 추위와 더위를 피하지 않고 달밤에도 활을 쏘니 두 사람 다 과녁을 쏘면 종일토록 과녁 한 가운데를 벗어나지 않았다. 혹은 돌 위에 작은 과녁을 세우고 쏘는데 살이 곧장 과녁을 맞히니 돌에 닿아서 못쓰게 된 살이 하나도 없었다.

안득붕(安得鵬)은 김해(金海)에서 대대로 살았다. 글을 잘하고 활을 잘 쏘아 정조때 승지가 되었다. 활을 배웠는데 눈이 밝아서 칠흑같은 밤에 과녁을 쏘아도 맞지 않는 것이 없으니, 매일 밤에 집신을 백 보 밖에 걸어놓고 쏘면 다섯발의 짚신이 모였다. 그가 습사하던 곳을 사장고개라고 한다.

이러한 것을 볼 때 조선시대 무인들이 스스로 무예를 닦는 경우 생활의 대부분을 무예수련에 투자했음을 알 수 있다. 또한 무예수련의 과정으로서 수렵(獸獵)이 대단히 성행했을 것으로 판단할 수 있다. 수련을 했던 장소로는 무과를 준비하는 군인의 경우 병영이었을 것이고, 일반 무인의 경우는 대체적으로 사정(射亭)과 산과 들이었을 것이라는 판단이 든다.

사정(射亭)은 고려 선종 8년에 도성내에 활터를 설치 병사들과 활 배우는 사람들에게 쏘게 한 것이 시초라고 한다. 조선에서는 태조가 한양에 도읍을 정하고 도성 동편에 있는 훈련원 안에 설치하였고 태종때 사청(射廳)을 세워 무관과 병사들을 습사케 하였다.

임란이후 선조가 경북궁 동편에 오운정을 건설하고 이것을 개방하여 일반 백성이 연습할 수 있게 장려하였다. 이것이 민간 사정의 시초이다. 이 후 무과(武科)의 영향으로 전국에 우후죽순(雨後竹筍)으로 민간 사정들이 생겨났다 한다.

3. 조선시대 무과제도

1) 무과제도의 성립

고대사회에서는 무재(武才)가 뛰어난 인물 위주로 관리를 등용하였다. 삼국시대이후 통일국가가 형성되면서 문치주의(文治主義)가 정착되어 문재(文才)가 있는 문인(文人)을 중심으로 중앙의 관료가 등용되었다. 과거제도(科擧制度)는 중앙집권적 관료제를 유지하기 위하여 일정한 시험을 통하여 유능한 인물을 관리로 등용하는 제도로서, 958년 고려 광종때 처음 실시된다.

그러나 고려의 과거제도도 문치주의의 영향으로 문과(文科)만 실시하였고 무과(武科)는 실시하지 않았다. 그 결과 고려시대의 문반(文班)은 대개 좋은 가문의 출신인데 비하여, 무반(武班)은 군대에서 무재(武才)가 뛰어난 사람들을 기용하였기 때문에 평민이나 천인 출신이 많았다. 엄격한 신분사회였던 고려시대에 이러한 출신배경은 문반과 무반의 차이를 더욱 심화시킨다. 그 결과로 고려시대에는 평민출신이나 천인출신이었던 정중부나 이의민 등의 쿠테타로 무인정치라는 특수한 정치형태가 나타나기도 하였던 것이다.

고려시대에는 특히 문반은 무반직을 겸할 수 있었으나 무반은 문반직을 겸할 수 없었으므로 무반의 고위직을 문반이 차지하는 결과를 가져왔다. 따라서 고려시대 서희, 강감찬, 윤관 등 유명한 장수 대부분이 문반(文班)에서 배출된 것을 볼 수 있는데 이는 문무차별의 결과인 것이다. 이처럼 고려사회의 문반(文班)을 존중한 것에 비하여 무반(武班)을 경시했다는 것은 이러한 제도와 출신 성분의 차이에서 온 것이다.

고려말에 와서 국방에 대한 문제가 시급해지자 훌륭한 무관(武官)

의 양성에 관한 논의가 활발해지면서 무과(武科)의 필요성이 제기되기 시작한다. 공민왕1년 1352년 이색(李穡)이 무과를 설치하여 장차의 환란에 대비하자고 건의하였으나 실천에 옮겨지지 못했다. 그 후 공양왕 때 전란으로 국고(國庫)가 고갈되어 첨설직(添設職)[20]을 남발하게 되는데 이로 인해 국가 질서가 어지러워지자 정도전이 문과(文科), 리과(吏科), 문음(門蔭)과 아울러 무과(武科)를 실시하여 국가질서를 잡아야 한다고 주장하였다. 그러나 이러한 주장은 고려왕조가 멸망됨에 따라 실시되지 못하였다.

고려 말기의 무과 실시에 관한 주장과 논의는 조선왕조 초기에 무과가 제도적으로 성립되는데 많은 영향을 미치게 되었다. 조선왕조 건국 후 한달 뒤인 태조 1년 8월에는 정도전이 제창한 문과, 무과, 리과, 문음을 관리를 뽑는 네가지 길로 확정하였다.

그러나 이러한 법의 제정에도 불구하고 무과는 사병(私兵)이 혁파되고 병권(兵權)이 집중되어 중앙집권화가 어느 정도 이루어진 시기인 1402년(태종 2)에 처음 실시되었다.

무과(武科) 실시에 대한 고려와 조선의 의론 차이는 사병(私兵)의 역할과 관련이 있다. 고려 시대에는 문벌귀족의 사병 양성이 가능했고, 중앙에서 필요했던 무인의 역할은 문인이 담당했으며, 꼭 필요한 무관의 경우는 군대에서 무재(武才)가 뛰어난 사람들을 선발하여 기용했기 때문에 무관 채용에 대한 문제는 그리 큰 문제가 아니었다. 그러나 조선시대에는 초기에 사병을 혁파하고 병권을 중앙집권화 했기 때문에 이를 뒷받침하기 위해 하급무관에서부터 정부의 국방업무를 담당할 고급관료까지 새로운 인재가 많이 필요하게 된 것이다. 그

---

20) 공로가 있는 사람에게 새로 벼슬자리를 주거나 승진시키려 하여도 실직(實職)이 없어 근무하지 않고 벼슬자리의 이름만을 줌.

래서 무과가 정식으로 실시되기 전인 태조 4년에 일종의 취재시험(取才試驗)인 도시(都試) 제도를 만들어 무과를 대신하여 무관을 선발하였다.

태종 2년에 처음 실시된 무과는 여러가지로 시행을 거치다가 세종조에 들어와서 그 관할을 훈련관에서 병조로 이관시키고, 무예와 병서만을 시험보던 무과(武科)에 병서(兵書)와 유교경전(儒敎經典)을 첨가하게 된다. 이는 지혜와 사회적 윤리를 겸비한 무재(武才)를 갖춘 인물을 선발하기 위함이었다.

이로써 무과제도는 공정한 경쟁을 통해 문무의 겸존을 갖춘 유능한 인물의 등용이라는 형식과 내용을 완전히 갖추고, 조선시대 전기간동안 무인의 관리선발제도로서 위치를 굳히게 되는 것이다.

이는 조선왕조가 무인을 우대했다기 보다는 중앙집권적 관료체계를 보다 합리적으로 운영하기 위한 문치주의 발전이라고 볼 수 있는 것이다.

2) 식년무과(式年武科)와 별시무과(別試武科)

조선시대의 무과(武科)는 정기적인 식년무과(式年武科)와 부정기적인 각종 별시무과(別試武科)로 구분되어 실시되었다.

태종조에 무과가 처음 실시된 이후 식년시(式年試)에서는 28명의 제한된 인원수밖에 선발하지 않았기 때문에 많은 무관과 관직을 채울 수 없었을 뿐 아니라 변경이 침입당하거나 전쟁이 일어났을 경우 시급히 필요한 다수의 무관을 충원할 수가 없었다. 그래서 정부는 국가의 각종 행사가 있을 때나 정책상 필요에 의해 임시적으로 별시무과를 만들어 실시하게 된다.

이러한 별시무과(別試武科)에는 증광시(增廣試), 외방별시(外方別試), 알성시(謁聖試), 중시(重試), 발영시(拔英試), 등준시(登俊試), 진현시(進賢試), 천거별시(薦擧別試), 탁영시(擢英試) 등 그 목적에 따라 이름이 다양하게 나타난다.

증광시의 경우 세종 원년 4월에 즉위를 경축하기 위해서 실시하였던 것으로, 이후 신왕의 즉위 때마다 매번 실시되었다. 이러한 목적으로 실시된 각종 별시는 시행할 때마다 실시목적, 시험절차, 선발인원 등이 일정하지 않아 식년무과처럼 제도로 정착되기 어려웠다.

그러나 별시무과도 식년무과와 마찬가지로 고급무관을 선발하는 통로였기 때문에 그 시험과목도 식년무과와 큰 차이가 없이 식년무과에 준하여 실시되었다. 법제적으로 응시의 자격제한은 없지만 실제 누릴 수 있는 특권이 계층적으로 달랐기 때문에 주로 양반(兩班) 계층이 급제하게 된다.

3) 취재시험(取才試驗)[21] – 도시(都試)

조선시대에 무관을 선발하는 제도로서는 과거 이외에 도시(都試), 관무재(觀武才) 등의 취재시험(取才試驗)을 들 수 있다. 병사들에게 훈련을 권장하고 승진을 시키기 위해서 실시하였는데 이는 모든 계층이 참여하여 선발될 수 있는 제도로서 무과제도와는 다른 무인 선발시험의 역할을 하였다.

관무재(觀武才)는 국왕이 주로 왕실을 호위하는 병사들과 무인들을 대상으로 수시로 평가하여 무장으로 선발하는 제도로서 호위군사

---

21) 재주로 시험하여 사람을 뽑음. 조선시대 때 인재를 뽑기위해 과거시험 이외에 실시한 특별시험, 試取라고도 한다.

의 사기를 높여주기 위해 실시하였던 시험이었다.

도시(都試)는 태조 4년에 처음 실시되었으나 당시 무과가 아직 시행되지 못했기 때문에 무과적 성격을 띠고 실시되었다. 도시(都試)는 병사들의 무예단련을 목적으로 실시한 일종의 취재시험으로서 매년 봄 가을에 실시하였기 때문에 춘추무예도시(春秋武藝都試) 또는 무예도시(武藝都試)로 불렀다.

도시(都試)는 세종대에 들어와 제도적 정비를 갖추었고, 그 골격이 성종 16년에 간행된 경국대전에 명문화되었다.[22] 도시(都試)는 별다른 신분 제약에 구애받지 않은 무관의 선발 기능과 종3품 이하 무관의 승진 기능을 동시에 가지면서 무과의 보완적 기능을 수행하였다.

또 도시는 병사들의 재예단련을 통한 승진뿐 아니라 중앙군의 핵심이었던 갑사(甲士)의 충원을 외방(지방) 군사들을 대상으로 보충하는 역할을 하였다. 그 결과 도시(都試)는 외방군사들이 중앙의 무반으로 진출할 수 있는 관문 역할을 하게 된다. 이로써 하층민이 주류인 외방군사들이 도시(都試)를 통하여 사회적 지위를 변화시키는데 중요한 계기가 되었다. 즉, 고급관료의 선발을 위해 시행되었던 무과와는 달리 도시(都試)는 다양한 사회적 요구를 흡수하면서 무예의 활성화와 함께 제반 사회적 욕구와 갈등을 해소하는 역할을 하게 된 것이다.

---

22) 경국대전에 따르면 도시는 경중(서울)에서는 병조와 훈련원 당상관이 의정부, 이조, 호조, 예조, 형조, 공조, 도총부의 당상관 각 1명과 함께 시행하고, 외방(지방)에서는 병마절도사가 주관하여 별도로 시행하였다. 그리고 도시는 평소에 익힌 무예를 검열을 겸한 시취(試取, 取才와 같은 말)를 행하게 되는 바 한차례의 시취방법을 택하고 있는 것이 특징이다. 도시에 합격하면 경중(京中)의 경우에는 1등에게는 1가자(품계)를 올려주고 임(근무일수) 100을 2등은 80을, 3등은 50을 부여하였다. 또한 외방의 경우에는 1등에는 임 50을 2등은 40을 3등은 25를 지급하였다. 이처럼 경중의 경우 외방보다 대우가 월등한 것은 경중 도시에 무반의 현직관리들이 응시하였기 때문이라 보여진다.

4. 무과제도가 조선사회에 미친 영향

　조선시대의 사회에 대한 전반적 성격을 가장 잘 나타내고 있는 것은 경국대전[23]이다. 이에 따르면 조선은 사상적으로는 유교 특히 성리학을 정치이념이자 사회의 도덕적 기초로 삼고, 이를 바탕으로 제반 제도를 세웠다.

　정치적으로는 국왕의 강력한 전제력에 입각한 중앙집권적 정치체제이며, 경제적으로는 과전법을 실시하여, 국가가 토지에 대한 지배력을 확보하고 국가에 의한 토지의 급여를 통하여 관리들의 생활기반을 중앙에 집중시켰다. 또 사회적으로는 신분구조를 재편성하여 양반, 중인, 양인, 천인으로 구분지었다. 이러한 조선을 성리학을 중심으로 한 왕권중심의 관료제사회라 규정할 수 있을 것이다.

　이와 같은 사회성격은 관료제의 발달을 급속하게 가져왔고 많은 관료와 조직을 형성하게 된다. 이 결과 모든 신분은 관료조직 및 관료체계와의 거리관계가 멀리 있느냐 가까이에 있느냐에 따라서 정해지게 되는 것이다. 이러한 사회변화는 양반도 예외가 아니어서 관료가 되어야 정치, 사회적 지위를 보장 받게 되었던 것이다.

　조선시대에 이처럼 중요한 관직으로 나갈 수 있는 방법은 과거(科擧)를 비롯하여 문음(門蔭), 천거(薦擧) 등이 있었다. 이중에서 가장 객관적인 평가방법인 과거(科擧)는 가장 큰 비중을 차지하게 된다. 이러한 과거(科擧)는 문과, 무과, 생원, 진사시, 잡과 등이 있는데, 이 중

---

23) 경국대전(經國大典)은 태종, 세종을 거쳐 성종때 까지 약 1세기간에 걸쳐서 완성된 것으로서 조선왕조 관료체계의 정치규범이 집대성 되어 있는 법전이다. 경국대전은 조선조의 정치구조, 경제구조, 군사조직, 생활풍습 등 한마디로 조선시대 전체를 해명하고 그 성격을 밝히는데 중요한 자료가 되고 있다. 경국대전의 내용은 6조의 치계에 따라 6조의 사업수행에 필요한 중요규범들을 체계화한 것으로, 말하자면 6개의 부문별 법전을 하나로 묶은 종합 법전인 것이다.

에서도 최고의 관리가 될 수 있는 길은 문과(文科)와 무과(武科)였다. 따라서 문과(文科)와 무과(武科)에 급제하였다는 사실은 곧 지배신분층으로서의 능력과 자질을 인정받는 것이고 동시에 관료제 사회에서 출세를 확실하게 보장받는 길이었다. 그렇기 때문에 관료사회에 진출하려는 무인들은 당연히 무과를 평생의 목표로 삼게 되었던 것이다.

그렇다면 무과제도는 사회에 어떠한 영향을 미쳤을까.

① 관료체제의 합리적 발전

우선, 조선의 무과제도는 고려 시대 문과를 통하여 관리를 선발하던 것을 무과를 신설하여 이를 통해서도 진출할 수 있게 함으로써, 무인의 위치를 향상시켰고, 조선시대를 문무양반 사회로 만드는 기능을 하였다. 이는 고려시대의 비합리적인 문치주의를 합리적으로 개선한 것으로서 문무 균형을 유지하면서 관료체제를 발전시킨 것으로 볼 수 있다.

② 양반 계층의 관료진출 확대

그런데 이러한 변화는 형식적으로는 관리체제의 합리적 발전인 반면에 실질적으로는 양반의 관직 진출 기회만 넓혀준 결과를 낳았다. 곧, 신분계급적으로 볼때 무재(武才)를 통해 무관을 선발하던 고려시대에는 평민들이 무인의 주계층을 이루었지만 이제는 사뭇 다른 양상이 나타나게 된 것이다.[24] 형식상으로는 모든 계층의 무인들에게

---

24) 고려사회는 본래 문반과 무반의 구별이 엄격한 신분사회였다. 문반은 대개 좋은 가문의 출신들에 의해 독점되었다. 그러나 무반이 될 수 있는 길은 하층민에 이르기까지 폭넓게 열려 있었다. 일반 농민이나 심지어는 천인까지도 군인이란 교량을 통해서 무반으로 승진할 수 있었다. 농민층이 군인으로 진출할 수 있는 길이 바로 선군(選軍)제도였다. 이 선군은 군역을 세습한 자손이나 친속이 없는 경우에 그를 보충하는 수단으로

무과(武科)를 통해 관료로 진출할 수 있는 길이 열린 것이지만 실질적으로 무인의 길은 양반 계층에게 더 활짝 열려 있는 것이었다. 실제로 조선시대에 중인(中人), 양인(良人)의 경우 과거에 급제한 경우가 거의 드물었다. 왜냐하면 사회적으로 구분된 신분에 의해 무과에서도 누릴 수 있는 특권이 각각 달랐기 때문이다. 신분상의 지배층인 양반(兩班)은 무과에서도 가장 많은 제도적 특권[25]을 누렸으며 최하층인 천인(賤人)은 아예 시험자격에서조차 제외되었다.[26]

양반 계층이 주로 급제한 원인은 제도적 특권 이외에, 경제적 이유도 크게 작용한 것으로 보인다. 무과시험의 주된 내용이 활쏘기와 말 타고 활쏘기, 말타고 창쓰기 그리고 병서(兵書)와 같은 이론(理論)이었기 때문에, 말도 없이 무과시험을 준비하는 것은 불가능하였다.

그러면 말을 소유하고 타고다닐 수 있으려면 어느 정도 경제적인 능력을 갖추어야 하는 것일까. 중인(中人), 양인(良人)의 경우에는 말의 구입 능력 뿐 아니라 말을 타거나 활을 쏠 수 있는 시간적 여유도 고려해야 한다. 조선시대에 목장이 119개가 있었고 매년 개량마 수만 마리가 생산되어 군사상, 교통상 필요에 따라 말을 가졌으며 이

행해졌다. (이기백, 고려병제사연구 참조)
선군의 신분을 보면 가계는 가난하고 미천한 집안이다. 교육은 글이 짧거나 책을 못읽는다. 직업은 고기를 잡아 팔거나 농사를 짓거나 나무꾼 등이다. 즉, 교육을 받지 못하고, 농업등 천업을 가진 비천한 가문출신이다. 그런데 이들이 선군된 조건은 다음과 같다. 그 성격은 용기와 담력과 기계가 있다. 용모는 아름답거나 의젓하고, 아름다운 수염을 가졌다. 무예는 활을 잘쏘며 수박을 잘한다. (고려사 참조)

25) 경국대전에는 관리의 자격에 대하여 범법자나, 천인만을 제외하고는 법제적으로는 누구나 관리가 될 수 있다고 나와 있다. 그러나 실제로 토지소유, 벼슬, 과거, 국가의 역, 형벌 등을 양반의 이해관계에 맞게 규정하고 있다. 과거시험에는 4조(祖)(아버지, 할아버지, 증조할아버지, 외할아버지)의 이력을 제출하게 하고 신분과 문벌을 따져 일반 양인의 진출을 막고 벼슬을 독점할 수 있도록 규제하였다. 또한 현직 관리와 유생들에게는 군역의 부담을 지우지 않았으며 양반의 자손들을 위해서 일반 병종과 구별되는 특수병종을 설치하여 우대하였다.

26) 경국대전에는 천인은 과거에도 응시할 수 없었을 뿐 아니라 심지어 관리들이 죄를 지었을 경우에도 본인을 구속하지 않고 대신 종을 가두어 두거나 편지 형식으로 조사를 하는 우대규정을 설정하고 있다.

것을 갖고 운동하는 것이 성행하였다 하나, 조선시대 말 한 필의 값이 중인 집 한 채, 노비 2명의 값이라 하니, 양인까지 말을 소유하고 무예연습을 하기는 쉽지 않았을 것으로 판단된다. 더구나 무과 준비 기간을 고려할 때 어린시절부터 말타는 법을 배워야 했을 텐데 어린 아이에게 말을 구입해 줄 여유가 있는 평민이 얼마나 될까 하는 점도 생각해 보아야 한다.

결국 이러한 제도적 특권과 경제적 능력의 문제는 무과를 통한 양반의 관료진출 확대라는 결과를 가져온 것이다.

③ 무인들의 자질 향상

다음으로 무과에서 이론에 대한 규정은 무인들의 자질을 높이는데 큰 기여를 하였다. 지혜(知慧)는 무예를 통해서가 아니라 학문을 통해서 얻는 것이다. 무장에게 지혜는 전투시에 전략전술의 구사로 드러난다. 말을 타고 활을 쏘고 칼을 휘두르는 것을 평생직업으로 하는 무인에게 있어서 지혜를 갖추는 것은 결코 쉬운 일이 아니다. 이는 무예와 함께 학문에 몰두해야 가능한 것이기 때문이다. 그러므로 무인이 지혜를 갖추는 것은 항상 학문에 몰두해 있는 문인에 비해 훨씬 어려운 것이다.

이러한 현실 속에서 조선의 무과제도는 고려시대 군대에서 무예실력이 뛰어난 인물을 선발하는 것보다 발달된 합리적인 시험방식이었으며, 내용에 있어서도 문무겸존이라는 제도적 완결성을 가짐으로써 무인의 자질을 높이는 역할을 한 것이다. 이순신, 정기룡 같은 무인 출신들이 지혜와 덕망과 용기를 모두 갖춘 명장이 될 수 있었던 것은 무과의 제도적 및 내용적 완결성이 큰 역할을 하였다고 볼 수 있다.

④ 공정한 인재 등용을 통한 무예의 대중화

마지막으로 무과는 집권자들에게 공정한 시험을 통한 인재의 등용에 대한 인식을 심어주어 도시(都試)와 같은 각종 취재시험(取才試驗)의 활성화에 기여를 하였고, 그 결과 무예의 대중화를 가져오게 하였다. 취재시험제도의 활성화는 일반 평민에게도 출중한 무예실력을 갖추면 하급무관이나 관리로 진출할 수 있는 기회를 제공하였다. 이는 하층민에게 어려운 생활을 청산하고 보다 나은 생활을 할 수 있다는 동기를 제공한다. 그 결과 무예는 각계층의 생활속에 중요한 비중을 차지하며 활성화 된 것이다.

이와 같은 사실은 제도를 통해서도 판단 할 수 있지만 생활속에 뿌리내린 무예 문화를 통해서도 잘 알 수 있다. 그 예로 격구와 비슷한 장치기와 활쏘기, 석전, 수렵 등과 같이 조선시대는 무예와 관련된 놀이문화가 많은데, 이는 무과제도라는 사회제도가 뒷받침하고 있기 때문에 저절로 생성되는 대중문화 현상으로 이해된다.

5. 조선시대 무예 전통의 계승을 위하여

1) 전통 무예의 가치

조선시대의 무인과 무예 그리고 그 제도와 문화에 대해서 알아본 이유는 우선 조선시대의 무인과 무예에 대한 정확한 이해가 필요하다는 생각에서이다. 우리는 조선시대의 문화에 대해서 새로운 인식을 할 필요가 있다. 무엇보다도 조선시대에 만들어진 문화는 그 시대에 만들어진 것이 아니라 전 시대부터 내려오던 것을 계승하였다는 점에 주목해야 한다.

예를 들면 마상재(馬上才)는 고대로부터 이어져 면면(綿綿)히 내려온 전통 기예로서, 조선시대 말까지만 해도 국사(國使)가 외국에 나갈 때 재인들이 수행하여 위풍을 과시하기도 했으며, 예로부터 실전에서는 창검이 빽빽하고 깃발과 북소리 요란한 적진 속을 이 기예로써 몸을 감추고 달려들어가서 적군의 깃발을 빼앗고 적의 장수를 베어버리면 감히 대적하는 적병이 없었다고 하지 않는가. 그러한 마상재가 순조 이후 사라져 오늘날에는 찾아 볼 수 없게 되었다는 현실을 알았을 때 현대를 살고 있는 우리는 참으로 아쉬움을 느끼지 않을 수 없는 것이다. 이 아쉬움은 조선 말기의 선조들이 왜 이러한 좋은 문화를 보존하지 못했는가에 대한 답답한 마음이 있기 때문이다.

그러나 이러한 답답한 마음에서 우러나는 아쉬움 이전에 우리의 현실을 볼 때, 우리가 살고 있는 이 시대, 이 순간에 수천년 내려왔던 문화유산들이 바로 우리 눈 앞에서 다 없어져 가고 있는 현실을 직시해야 한다. 마상재와 격구(擊毬)는 19세기에 소멸되었다 치더라도 우리는 남아 있는 조선시대의 문화 중에 무엇을 보존하고 있는가 생각해 볼 일이다. 무예와 연관된 아이들의 놀이문화는 말할 것도 없고, 고려 이전부터 오랜 세월동안 행해져 왔던 기사(騎射), 장치기 등도 다 사라져 버린 상황이다. 그리고 이제는 우리 민족이 동이(東夷)족이라('夷는 크다(大)와 활(弓)이 합쳐진 것') 불리며 용맹한 민족으로 그 이름을 떨쳤던 활쏘기도 양궁에 밀려 지금은 겨우 그 명맥만을 유지하고 있는 형편이다.

이렇게 수천년 내려오던 무예와 관련된 문화들이 1세기 만에 없어지고 단절된 이유는 무엇일까? 두가지로 원인을 말할 수도 있을 것이다.

하나는 나라를 빼앗긴 36년간 전통문화에 대한 일제의 혹심한 탄압으로 무예가 자취를 감추다가 마침내 사라져렸다는 것과, 또 하나는 과학의 발달로 신식무기가 등장하여 말, 활, 창, 검에 대신해 탱크, M16소총, 비행기로 무기가 바뀌어 더는 쓸모가 없어서 자연스럽게 폐기 처분된 것으로 말할 수 있다. 일견 두가지 다 이유는 될 수 있다고 본다.

그러나 일본을 이땅에서 쫓아낸지가 반세기가 넘었고, 무예문화는 그 문화적 가치 뿐만 아니라 정신적, 실질적 가치가 여전히 존재하고 있어 현대화된 각종 무예와도 결합될 수 있다는 점이다.

문화적 가치야 모든 사람들이 잘 아는 이야기이므로 실질적 가치로서, 예를 들면 군이나 경찰에서 사병들의 체력단련에 목검과 활 하나씩만 들고 선조들이 하던 검법[27]이나 활쏘기를 하루에 한시간씩만 배운다고 가정해 보자. 우선 선조들이 했던 고유의 것을 하니까 조선시대나 고구려시대의 무인들에 대한 정신을 배울 수 있고 육체적으로도 튼튼해 지고 정신도 맑아질 것이다. 더우기 조선시대의 무예는 어느 것이든 체력 단련이 가능하며, 특히 말을 타고 하는 무예는 호연지기와 용맹성까지 배울 수 있을 것으로 생각된다.

또 현대의 신무기를 갖춘 우리 군대는 신무기 체계에 익숙해야 함은 당연한 것이고, 아울러 민족을 지켜온 선조들의 구국의 정신과 이

---

27) 무예도보통지(武藝圖譜通志)에 나온 24가지 무예중의 검법 중의 하나인 본국검은 전후좌우 사방의 적을 가상하여 수련하는 독특한 체계를 갖추고 있다. 전후좌우로 변화무쌍하게 구사되는 본국검의 기법은 동일한 동작의 반복이 거의 없다. 자세가 연결되어 이루어진 검법으로서 그 동작의 순서를 익히는 과정만으로도 많은 수련이 요구되는 검법이다. 전체적으로 검법 자체가 치밀하고 동작이 부드럽게 연결되어 있으며 하나하나의 동작에 동물이나 사물의 이름을 붙임으로써 동작의 특성을 명쾌하게 표현하고 있을 뿐 아니라 철학적 깊이를 담고 있다.
이것은 작고한 임동규선생이 10여년간 무예도보통지(武藝圖譜通志)를 분석하여 그 동작을 복원해 놓은 것을, 필자도 전수받아 92년부터 94년까지 고려대, 성균관대, 중앙대, 인하대 등 10여개 대학에서 2000여 학생들에게 강습을 하면서 얻은 결론이다.

론을 배워야 할 것이다. 그때 비로소 옛부터 내려오던 민족을 지키는 군대의 전통을 잇는 것이 되기 때문이다. 그러자면 실기를 하면서 그 정신과 이론을 배우는 것이 가장 바람직할 것이다. 이보다 더 귀중한 전통 무예의 정신적 효용성이 어디 있겠는가.

2) 전통 무예 복원을 위한 제언

이처럼 현대 사회에서도 가치있고 의미있는 우리의 무예가 왜 반세기가 지난 지금까지도 복원이 안되었을까? 무예에 대한 방치와 유실의 원인은 현대사의 흐름과 결코 무관하지 않다. 해방 후 들어선 정권이 민족문화를 육성하는 정책을 써서 일제 36년간 단절되었던 우리의 무예와 놀이 그리고 민족이 발전하는데 필요한 모든 문화를 이어가면서 새로운 세계의 문화를 능동적으로 수용했어야 했다. 그러나

24반무예 복원계승자이며, 민족도장 경당 창립자인 故 임동규 총재

안타깝게도 해방 후 정권들은 민족문화를 복원 발전시키는 정책보다는 오히려 문화를 말살시키는 정책을 썼던 것이다. 이는 정치와 아무런 연관이 없는 전통문화인 탈춤이 1980년까지 정권의 탄압을 받아 시연조차 못했던 우스꽝스러운 지난 역사가 너무도 잘 보여주고 있다.

선조들은 전통무예가 끊기지 않게 하기 위해 책들 속에 복원 할 수 있도록 그 의미와 자세들을 세세히 기록해 놓았다. 그래서 우리가 잊혀진 무예문화를 찾으려고 마음만 먹으면 전통무예와 놀이를 쉽게 복원할 수 있다. 그러므로 격구, 마상재, 기사(騎射) 등도 다 복원 할

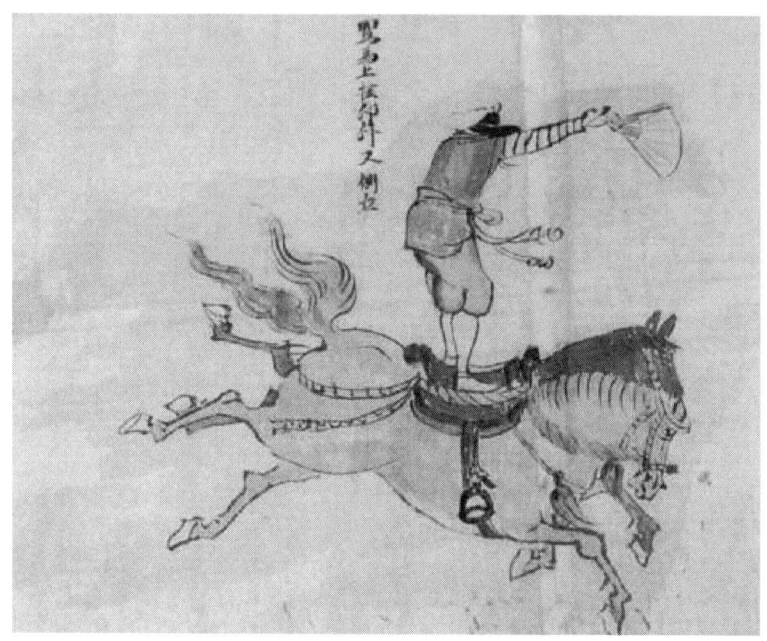
마상재

수 있을 것으로 생각된다. 그 결과 최소한 후손들에서 20세기 살았던 사람들이 수천년 내려왔던 문화를 다 유실시켜버렸다는 소리를 듣지 않을 가능성은 아직 있는 것이다.

  문제는 우리의 무예를 어떻게 복원하여 실행하느냐의 문제가 남아 있다. 일차적으로는 이는 무인의 문제이기 때문에 현대사회 무인이 랄 수 있는 군과 경찰 그리고 무예인들이 해야 한다.

  우리의 무예를 계승 발전 시켜 나가는데 있어서 가장 중요한 곳은 군과 경찰이다. 특히 우리의 군이 전통 무예를 계승하고 발전시키겠다는 의지를 갖는 것이 관건이라고 생각된다. 왜냐하면 이러한 작업을 할 수 있는 가장 큰 역량과 인원을 갖고 있을 뿐 아니라, 실제로 예전 시대 무인의 전통을 실질적으로 잇고 있는 곳이 군이기 때문이다.

이여성(李如星)의 격구도

　예를 들어 국방부 자체내에 민족무예문화연구소라든가 기타의 조직을 만들어 우수한 학자들과 민간연구가들을 모아 일차적으로 옛 군사서적의 번역과 장군들의 삶에 대한 재조명과 더불어 무예의 복원작업 등을 운영한다면 더할 나위가 없을 것이다. 그리고 그 성과를 60만 장병들의 민족정신 고취와 체력단련으로 활용하고 더 나아가 국민들에게 보급한다면 이 얼마나 사회에 기여하는 일이고 좋은 일인가. 경찰도 이와 비슷한 방향으로 나가면 국민을 지키는 경찰로서 이미지도 좋아질 것으로 생각된다.

2009년 서울문화재단 후원으로 서울 코우스공연장에서 武舞巫 무예공연을 마친 24반무예 사범 및 공연자들

3) 반세기의 반목을 씻기 위한 민족의 살풀이

마지막으로 우리 민족의 전통으로 수천년 내려왔던 무예를 복원 발전시켜야 하는 이유로서 남북이 통일되는 날을 대비하기 위해서도 필요하다는 점을 피력하고자 한다.

천년 넘게 하나의 국가를 유지하며 살아왔던 우리 민족이 두개의 국가로 나뉘어 총뿌리를 겨누고 으르렁거리기 반세기가 지났다. 이제는 전쟁을 통한 무력통일이 아닌 평화 통일을 지향하고 있다. 만약 통일되는 그날이 온다면 그날 무슨 일을 해야 할까? 독일처럼 베를린 장벽을 부숴 벽돌을 가져가듯이 휴전선의 철조망들을 뜯어가기에는 너무 허전하지 않은가? 반세기 넘게 남북이 대치되어 총부리를 겨누다가 갑자기 웃는 얼굴로 마주보라면 우습고 계면쩍을 것이다.

두 사람이 편과 곤을 들고 시연하는 장면 연무자: 김재성·임한필(완역 무예도보통지,p410, 1996)

뭔가 살풀이를 신나게 해야 하지 않을까. 그렇다고 평화 통일이 된 마당에 총과 탱크로 한바탕 싸움을 하면서 수백명의 사상자를 내는 살풀이를 할 수도 없다. 또 그렇다고 서양에서 시작된 야구나 축구로 축제를 벌리기에도 반세기의 반목을 씻어내기에는 뭔가 개운하고 시원한 맛이 나지 않는다.

이 때 제시할 수 있는 살풀이 마당으로 선조들이 했던 무예와 놀이가 가장 어울리지 않겠는가. 휴전선에서 이 지구 최후의 분단 국가로 남아 있던 우리 민족이 전 시대의 무인들이 했던 무예와 놀이로써 3박 4일 민족 대단결 축제를 한바탕 하는 것이다.

그 첫째날은 활쏘기, 씨름대회, 연날리기, 탈춤 등 놀이마당으로 남과북의 민과 군이 모여 서로 인사하고 막걸리 한잔씩 하고, 둘째날에는 집단놀이이면서 조금 전투적인 격구와 기창으로 수십명씩 같이 맞붙어 겨루다가 부상자가 나면 서로 상대를 치료도 해주고, 셋쨋날에는 양쪽 군이 돌을 산더미처럼 쌓아 놓고 수만명씩 석전(石戰)을 대규모로 하는 것이다.

이 과정에서 대가리가 터지고 팔뚝이 깨질지언정 총으로 싸움질하는 것에 비교가 되겠는가. 북쪽의 병사가 머리가 터져서 피를 철철 흘리면 남쪽의 여인이 꼬매주고 남쪽의 병사가 얼굴이 깨지면 북쪽의 여인네가 피를 닦아주는 그런 싸움을 밤을 세워 1박 2일 한들 수천명이 다쳐도 이 얼마나 좋은가.

싸움이 끝난 후 남과북의 병사들이 한데 어울려 서로 얼싸안고 뒹굴며 남과 북의 남녀노소, 민과 군 모두가 민족의 기상을 느끼는 그 날을 생각하며 글을 맺는다.

임 재 선

- 무예인, 24반무예 전수자, 호(號)는 宇玄
- 민족무예도장 서울 경기 경당 관장 역임
- 충주 무학당 관장(2023 ~ 현재)

조선 무인(武人)의 긍지(矜持)와 한(恨)

발행일	2024년 5월 25일	값 19,000 원
지은이	임재선	
펴낸이	박상영	
펴낸곳	도서출판 정음서원	
주 소	서울특별시 관악구 서원7길 24, 102호	
전 화	02-877-3038	
팩 스	02-6008-9469	
신고번호	제 2010-000028 호	
신고일자	2010년 4월 8일	
ISBN	979-11-982605-7-4 03910	
정 가	19,000원	

ⓒ임재선, 2024

※ 이 책은 저작권법에 의해 보호를 받는 저작물이므로 저작권자의 서면 허락 없이는 무단 전재 및 복제를 할 수 없습니다. (이메일 jsredhorse@hanmail.net)

※ 잘못된 책은 바꾸어 드립니다.